証言 イチロー

「孤高の天才」の素顔と生き様

別冊宝島編集部 編

宝島SUGOI文庫

はじめに

2025年1月21日、イチロー氏がアジア人初のアメリカ野球殿堂入りを果たした。NPB史上初のシーズン200安打、7年連続首位打者、MLBでは首位打者2度、10年連続シーズン200安打、日米通算4367安打（日本1278本、米国3089本）。記録にも、記憶にも残る選手だった。

そんな球史に残る多くの偉業を成し遂げたイチロー氏の引退試合は、19年3月21日、東京ドームで行われたマリナーズ—アスレチックスの開幕第2戦。イチロー氏は8回裏、守備についた時点で交代。ベンチ前でチームメートと抱擁を交わした。試合後はグラウンドを1周し、イチローコールと万雷の拍手を浴びた。日米で数々の金字塔を打ち立ててきた稀代のヒットメーカーが、28年間の現役生活についにピリオドを打った。

「こんなにいるの？　びっくりだわ」

試合後の会見場に姿を現したイチロー氏は、会場を埋め尽くした報道陣を見ておどけてみせた。日をまたぐ84分間の会見では、「おかしなこと言ってます？」などとユーモアも交えるなど、終始リラックスした雰囲気に見えた。

我々はイチロー氏の言葉に接する機会が、ほとんどなかった。活字媒体によるインタビューは稀で、テレビでの特別番組を除けば、ニュースなどで部分的に報じられるだけだった。そのためこの会見は多くの反響を呼んだ。

我々は長い間、イチロー氏のことを見てきたが、実はイチロー氏のことをなにも知らなかったのではないか。不世出のアスリートがなにを考え、なにに迷い、どんな哲学を持ち、どんな素顔の持ち主なのか。そして、なぜこれほど長い間、誰もが驚嘆するような活躍を続けることができたのか――。

そんな疑問を解くために、イチロー氏の引退時に合わせた19年5月、単行本『証言イチロー「孤高の天才」の素顔と生き様』を発売した。

同書では、イチロー氏の現役時代にチームメートとして、指導者として、記者として、裏方として交流があった人々に話を聞き、心に残るイチロー氏とのエピソードを話してもらった。オリックス時代、2連覇の栄光に輝いたWBC、そしてMLB時代。27人の証言から見えてくるのは、決してブレない、一本スジの通った、ユーモアと気遣いを忘れない男の姿だった。

そして今回、アメリカ野球殿堂入りという歴史的快挙を成し遂げたイチロー氏の素顔と生き様を、改めて広く伝えたいという思いから、先の単行本を文庫化した。

引退会見で残したイチロー氏の言葉を紹介しよう。

「少しずつの積み重ねでしか、自分を超えていけないと思っているんですね。(略) 地道に進むしかない」

成功に近道なんてない。本書は、そんなイチロー氏の生き様がわかる「証言集」となっている。

2025年2月

別冊宝島編集部

証言　イチロー「孤高の天才」の素顔と生き様　目次

第2章 イチロー前夜と青波《ブルーウェーブ》の時代

※肩書きほか人物情報は、単行本発売時の2019年当時のままとしています。ご了承ください。

第3章 WBCの栄冠と苦悩

第4章 レジェンドOBたちの「イチ論」

第5章 原点——鈴木一朗の素顔

第6章 記者たちが明かす秘話

写真●アフロ、アフロスポーツ、ロイター／アフロ、USA TODAY Sports
ロイター／アフロ、日刊スポーツ／アフロ、Newscom／アフロ、YUTAKA
アフロスポーツ、日刊現代／アフロ、AP／アフロ、共同通信イメージズ、産経新聞社

[装丁]金井久幸(TwoThree)
[本文デザイン&DTP]武中祐紀
[編集]片山恵悟(スノーセブン)

イチローとICHIROを知る男

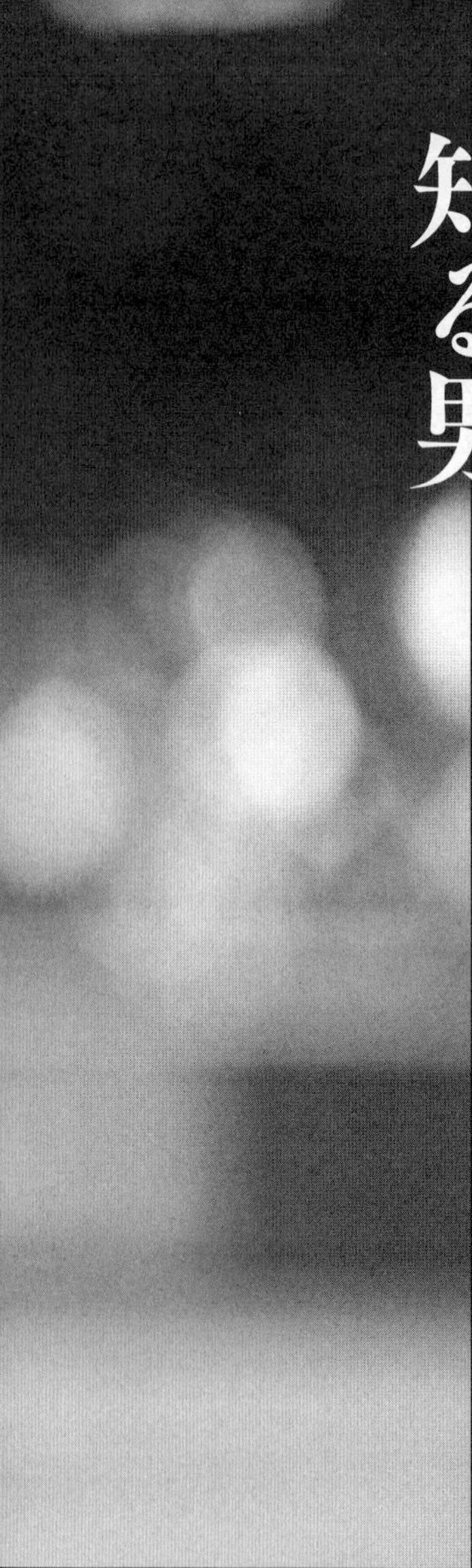

KOBE

「全身にセンサーがあるかのように
イチローはいろんな感覚を持っている」

オリックス同期入団

田口 壮

たぐち・そう●1969年、兵庫県生まれ。西宮北高から関西学院大を経て、92年のドラフト1位でオリックスに入団。強肩巧打の外野手として、95、96年のリーグ連覇に大きく貢献。2002年に移籍したメジャーリーグでは、カージナルス、フィリーズで2度のワールドシリーズ制覇を果たす。10年に古巣に復帰し、12年に引退。19年からオリックスの1軍野手総合兼打撃コーチ。現在は野球評論家、解説者として活躍。

取材・文●福田晃広（清談社）

イチローとオリックス同期入団であり、ともに外野手として活躍した田口壮。90年代のオリックスは、イチロー、田口に加え、本西厚博、谷佳知など、〝鉄壁の外野陣〟と称された一線級のスキルを持つ選手が揃っていた。2002年、イチローのあとを追うように田口はメジャーリーグに挑戦し、06年、セントルイス・カージナルス時代にはワールドシリーズ制覇を経験。そして、12年、イチローより7年早く現役を引退した。

45歳となっても現役を続けるイチローも、19年3月21日、東京ドームで行われたアスレチックス戦2試合を最後に現役引退。そんなイチローの引退会見を見て、田口は驚きと寂しさが入り交じった感情を抱いたという。

「あのイチローが引退する。そんなことが実際に起こるんだっていう感じでしたね。野球をしている彼の姿が当たり前のものだと思っていたのに、それがいきなり見ることができなくなった衝撃というのは、ひとつの時代の終わりというか、こんなに心を突き動かされるのか、と思わせるようないろんな感情がこみ上げてきました」

実は、田口は、イチローが東京ドームで開幕戦を迎えるにあたって、この試合をきっかけに、「イチローは復活する」というイメージを思い描いていた。

「大勢のファンが詰めかけた東京ドームで、ホームランを打って、球場全体を沸かせる。そして、そこでもう一回、イチローが以前のように活躍するシナリオを期待していたのですが、その予想に反してまったく逆の結果に終わってしまいました。寂しいというひと言だけでは片づけられない感情ですね」

イチローは巨人とのプレシーズンゲーム2試合を含む4試合で、結果を残すことができず、オープン戦から現役最後の打席まで、連続無安打が30打席にまで達していた。日本の9年間で1278安打、メジャーでの18年間で3089安打、日米通算4367本のヒットを積み上げてきたイチローとはいえ、昨シーズン（18年）はベンチ入りメンバーを外れ、会長付特別補佐に就任。試合には出場せず、同僚や首脳陣らのサポートを行った。

「試合に出ていないっていうのは、選手として致命的ともいえる事態です。ゲームで活躍するにはいくら練習だけやっても全然ダメ。試合で、打って、守って、投げて、走らないと感覚が摑めませんし、ましてや1年も実戦から離れていて、元に戻すとなると相当苦しかったのでしょう。あと、2、3カ月時間があれば、また違っていたと思いますが」

ほかの選手との圧倒的なスピード差

田口がイチローと初めて出会ったのは、オリックスの入団会見の時だった。当時イチローが高卒の18歳、田口が大卒の22歳。同期入団とはいえ、田口が4つ年上のため、自然と上下関係が生まれた。

選手寮・青濤館での生活時代は、プライベートでの交流も多く、よく休みの日に二人で兵庫・三宮まで車で出かけて、食事や買い物などをともにした。必然的に距離も縮まっていった。ただ、田口はイチローの第一印象の記憶がほとんどないという。初めてイチローのすごさを知るのは、合同自主トレの時だった。

「入団会見の時は、僕も緊張していましたから、ほぼ印象は残ってないんですよね。『こいつ、すごいなぁ』と最初に気づいたのは、たしか正月明けの1月10日あたりから始まった自主トレの時。いちばんびっくりしたのは彼の走っている姿を見て、脚のバネが段違いだったこと。高卒でありながらほかの選手との圧倒的なスピード差が強烈に印象に残っています」

入団1年目、それも開幕前の自主トレから大器の片鱗を見せていたイチロー。しかし、イチローといえどもルーキー時代から順風満帆に、1軍レギュラーとして活躍できたわけではなかった。

1年目から2軍で首位打者を獲得したとはいえ、2年目までは、1軍と2軍を行き来していた。3年目、土井正三監督から仰木彬監督に代わり、仰木監督のアイデアで、登録名が本名の鈴木一朗からイチローに変更された。当時、パ・リーグには鈴木姓の選手が多数いたこともあり、誰からでも親しまれる呼び名に変えたほうがいいということで、日本選手としては初の、ファーストネームでの登録となった。

94年、イチローの非凡な打撃センスを見抜いた仰木監督の下で「1番・右翼」でレギュラーに定着。開幕から好調をキープし続け、5月から8月にかけては、69試合連続出塁のプロ野球記録を打ち立てた。9月20日のロッテ戦で日本プロ野球界初の200安打に到達すると、最終的にはシーズン210本安打を達成。さらに、打率・385で首位打者に輝いたほか、最高出塁率のタイトルを獲得。ベストナイン、ゴールデングラブ賞、正力松太郎賞も受賞し、打者としてはプロ野球史上最年少でMVPとなった。

このイチローフィーバーで、オリックスの本拠地入場者数は、前年比で20パーセント以上も増加。オールスターにも初出場を果たし、一躍全国区の選手となった。

翌95年は、シーズン開幕前の1月17日に阪神淡路大震災が発生し、イチロー自身も神戸市内の選手寮で被災。神戸を本拠地とするオリックスは「がんばろうKOBE」をスローガンに、壊滅状態に陥った地元を勇気づけようと奮戦し、オリックスとして初のリーグ優勝を果たした。イチローも前年に引き続き、MVP、首位打者、最多安打、最高出塁率、ベストナイン、ゴールデングラブ賞、正力松太郎賞を受賞。また、プロ野球史上初の打点王と盗塁王のタイトル2つを獲得し、一気にスーパースターへの階段を駆け上った。

「このイチローの劇的な進化は、仰木監督によるところが大きいでしょう。もちろんイチロー自身も1年目、2年目でしっかり土台をつくって、1軍でも十分活躍できるだけの実力を着々と身につけていました。仰木監督もイチローを見て、その素材に惚れ込み、この選手はずっと使い続けないといけないと思ったはずです。なので、そのタイミングで仰木監督が就任されたことは、イチローにとってもベストだったのではないでしょうか」

打ち方を変えて飛距離は伸びていた

仰木監督の前任を務めた土井正三氏は、〝イチローの〝振り子打法〟には否定的だったとされる。一方の仰木監督は、批判されることが多かった野茂英雄の〝トルネード投法〟にも理解を示したように、振り子打法に関してもイチローの個性を重視した。

仰木監督だけでなく、当時の1軍打撃コーチの新井宏昌や、当時の2軍打撃コーチの河村健一郎の指導も、のちのイチローに大きな影響を与えた。これらの監督、コーチ陣の支えもあり、イチローは日本球界を代表する外野手へと成長し、01年、日本人野手として初のメジャーリーグ挑戦を果たす。

「レギュラーとして、試合にはおそらく出られるだろうとは思っていました。でも、果たしてどのくらい打てるのかという点にすごく興味がありましたね。スタートがうまくいけば、そのままスムーズに打ち続けるだろうし、つまずいてしまえば、どうなるかなぁっていう。あくまで一ファンとしてなんですけどね（笑）」

そして、蓋を開けてみれば、イチローのメジャー1年目は、１５７試合に出場し、打率・３５０、２４２安打、56盗塁はリーグ1位を記録。さらにア・リーグ新人王とＭＶＰに加えて、シルバースラッガー賞とゴールドグラブ賞も受賞。

守備でも、デビュー早々の4月11日のアスレチックス戦でビッグプレーを披露。ライト前への打球を処理し、二塁から三塁に向かう走者をアウトにすべく、イチローが放ったボールは三塁手のグラブまで一直線。「矢のような送球」以上の「光線のような送球」は、〝レーザービーム〟と呼ばれ、イチローの象徴的なプレーのひとつとなった。

しかし、同じ強肩で、守備の名手として日本でゴールデングラブ賞を5度獲得した田口は、イチローの守備のすごさは、送球だけにかぎらないと話す。

「これは守備だけの話ではないんですが、全身にセンサーがあるかのようにいろんな感覚を持っているんです。もちろん経験によるところも大きいのですが、具体的に言うと球場の特徴や風の強弱、芝生の感じなど、個々の状況に応じて、細かい情報を取ってくる能力ですよね。それをすべて計算したうえで、打球がこう飛んでくるだとか、守備位置からフェンスまでの距離だとか、把握しているわけです。だから、背中を向けて打球を追いかけていても、いまランナーがどのあたりを走っているのかも、イチローの頭の中ではイメージできていると思います」

田口の個人的な感情としては、まだまだ現役を続けてほしかったという。過去のインタビューで「ヒットを量産するスタイルは、できたとしても45歳くらいまで。その後は打率が低くてもホームランを叩き出す長距離砲になれば、50歳までできる」と発言している。このことを改めて、田口に聞いてみた。

「そんなこと言ってましたか！　我ながら先を見る目あるなぁ～（笑）。でも、これは冗談ではないですよ。今年（19年）1月に彼の練習を見ていても、打ち方を変えて飛距離はむしろ伸びていましたし、昔と変わらず次々と打球をスタンドインさせていました。肉体的な変化は多少感じていたかもしれませんけど、技術的な衰えはほとんどなかったんじゃないでしょうか」

また、どんなことがあっても絶対に守るルーティーンこそが、イチローを語るうえで欠かすことのできない重要なポイントだ。

「もちろん自分のルーティーンを持っている選手はほかにもたくさんいます。ただ、普通は日常生活のなかで、どうしても少しは乱れてしまうんですよね。シーズン中だけなら、まだわかるんですが、1年365日、一日たりとも崩れない。それは並外れています。しかもイチローの場合は、トレーニングだけにかぎらず、食事などの生活習慣を含めて、きっちり決まっていますからね。

ルーティーンを続けることで得られるメリットとしては、いつも同じ自分のリズムで試合に臨めるわけなので、好不調の波が小さくなることにもつながっていると思います。だからこそあれだけメジャーでも試合に出場し続けて、たくさんのヒットを積み重ねることができ、偉大な記録をいくつも打ち立てられたんでしょうね」

最後に現役を引退するイチローにこれからなにを期待するか、田口に聞いてみた。

「それは彼がなにをしたいかなので、僕が期待するとかではないと思います。彼が現役の時は、毎年練習を見るために会いに行ってたんですけど、引退したらどうなるのかなぁ。どこかで会いたいですけどね（笑）。でも、会ったらまず『お疲れ様でした』とひと声かけたいです。そして、しばらくはゆっくり過ごしてほしいですね」

「アイツは冗談も言うけど、周りが笑ってあげている。俺は笑わない」

オリックス、マリナーズでともにプレー

木田優夫

きだ・まさお●1968年、東京都生まれ。86年のドラフト1位で巨人に入団。プロ4年目に12勝を挙げて1軍に定着。98年、オリックスに。99〜2000年途中はデトロイト・タイガースでプレー。オリックス復帰を経て、03年にロサンゼルス・ドジャース、04年にシアトル・マリナーズ、06年にヤクルト、10年に日本ハムと渡り歩き、現役28年間で日米8球団でプレーした。15年の日本ハムのGM補佐就任を経て、19年シーズンから投手チーフコーチ。23年からはゼネラルマネージャー代行に就任。

取材・文●丸井乙生（アンサンヒーロー）

あのイチローに「コノヤロー」と言える人物がいた。日米の野球、そして笑いにも造詣が深い木田優夫だ。

現役28年間で日米8球団を経験するなかで、1998年、2000年のオリックス在籍時、04年のシアトル・マリナーズでイチローと同じチームに所属。5歳下の後輩とは、日米で人生が交差した。

「オリックスに最初行った頃は、俺のことをたぶん先輩だと思っていた。それがシアトルに行った頃にはもう先輩とは思っていなくて。いまや、アイツは俺のことをどう思っているのかわからないぐらい。一応、シアトルまでは〝さんづけ〟だったかな。いまはもう……」

「先輩だぞ、コノヤロー」

引退会見の数日前、19年3月17、18日にマリナーズ―巨人のプレシーズンマッチ2連戦が東京ドームで行われた。日本ハムは東京ドームで両日とも昼夜入れ替わりのアスレチックス戦に臨んだ。初日の17日、先輩の顔を見つけたイチローは、木田の名前を呼んだ。

「やさおくん」

86年、ドラフト1位で巨人に入団した「きだ・まさお」は日米通算74勝、51セーブを挙げた長身右腕だ。14年の45歳まで現役を続け、15年以降は日本ハムで元選手では異例のゼネラルマネジャー補佐を務めた。17年のドラフトでは7球団競合の清宮幸太郎をくじで引き当て、〝黄金の左手〟として話題に。19年シーズンから初の現場指導者となる投手チーフコーチに就任した。

球界で50歳の重みを増す一方で、明石家さんま、村上ショージと親交が深く、いつもジョークを忘れない。クリスマスの時期にはフジテレビ系の番組『明石家サンタの史上最大のクリスマスプレゼントショー』で20年以上、トナカイの着ぐるみで出演するなど、淡々とした口調に冗談を織り交ぜる〝芸風〟を持つ。

19年3月17日、「やさおくん」と呼ばれた瞬間を“木田画伯”が本書のために描き下ろしてくれた。所要時間5分

長身右腕は、後輩の茶目っ気にこう応じた。

「先輩だぞ、コノヤロー」

周囲の空気が一瞬、変わった。

「俺は〝やさお〟でもないし、先輩だし。〝くん〟じゃねえだろうと。逆に、こっちが『先輩だぞ、コノヤロー』って言ったら、周りがビックリしていた。あの木田がイチローに対してそんな口の利き方をしている、どういうことだ、と。……いや、それもまたどういうことだと（笑）」

偉大なる後輩について語るエピソードにも、ネタが織り込まれていた。

最初の〝交差点〟は96年の日本シリーズだった。当時、木田が所属していた巨人は第2次長嶋茂雄監督政権下で、2年ぶり19回目の日本一を狙っていた。

打線は1番・仁志敏久、2番・川相昌弘、3番・松井秀喜、4番に落合博満という豪華メンバー。投手陣は沢村賞3度受賞の斎藤雅樹、94年の広島戦で平成最後の完全試合を達成した槙原寛己、そしてイチロー対策として長嶋監督が命名した左腕投手4人カルテット「レフティーズ」を擁していた。

オリックスも負けられない戦いだった。95年1月17日、阪神淡路大震災で本拠地の兵庫県神戸市が被災。この年、チームスローガン「がんばろうＫＯＢＥ」を旗印に、前身・阪急以来11年ぶり、オリックスとしては初のリーグ優勝を飾り、日本シリーズに進出した。ヤクルトに1勝4敗で敗れて日本一はならなかったが、96年は2年連続の日本シリーズ進出を果たし、雪辱を期していた。

92年に入団したイチローはプロ3年目で首位打者、MVPを獲得して大ブレークを果たし、96年は3年連続首位打者を獲得していた。

「みんなが思っているとおり、どんな球でも当ててくるし、球ひとつ甘く入ったらフルスイングできるバッターだったなあ。俺は打たれてないけど。シリーズ前からイチローをどう抑えるかミーティングはたくさんしたけれど、結果的に初戦はイチローのホームランで負けてしまった」

初戦、相手の先発を読み切れなかった事情から木田は偵察メンバーの「6番・左翼」でコールされ、すぐ岸川に代わった。一進一退の攻防の末に延長10回、イチローが右中間へ勝ち越しの本塁打を決めた。

木田はこのシリーズで第2戦の3番手として登板。2回1／3を無失点に抑えたが、イチローとの対戦はなかった。第4戦は4回からマウンドを引き継ぎ、6回1死で初対戦。右飛に抑え、5回を無安打無失点とし巨人の1勝に貢献した。

最終的にはオリックスが地元・神戸で4勝目を挙げて阪急時代の77年以来となる19年ぶりの日本一に輝いた。その後、木田は98年シーズン前にトレードでオリックスへ移籍。初めてチームメートとしてイチローと〝再会〟する。

イチローに本当に申し訳ないことをした!?

2人が初めて交差した96年の日本シリーズ。その時の両軍から、のちに続々とメジャーリーガーが誕生した。イチロー、松井秀喜、田口壮が海を渡り、そして木田も99年にFAでデトロイト・タイガースへ海外移籍。ゴージャスな日本シリーズだったのだ。

「(96年に)日米野球があって、その時一緒になって挨拶程度話すようになったけれど、本当に話すようになったのは(98年に)オリックスへ行ってから。その年は順調にいけばFAを取れる年だったので、(メジャー挑戦を)どうしようかなと思っていたシーズンでした。当時のアイツはどうだったかなあ。本人はそこまで思っていたかどうかはわからないけれど、みんなが『行くだろうな』と思っていた」

近年は後輩にツッコミを入れているが、当時は「申し訳ない」と思った出来事があった。98年、イチローは5年連続全試合出場がかかっていた。同年9月に左足へ死球を受けた時に腰を痛め、シーズン終盤は短いイニングの守備で連続試合出場をつないだ。練習ができないまま出場だけを続けるという苦境に陥っていた。

同年9月20日、大阪ドーム(現・京セラドーム大阪)で行われた近鉄戦、3点リードの9回裏、木田は抑えとしてマウンドへ上がった。この回から途中出場したイチローは右翼の守備へ入った。しかし、木田は先頭の礒部公一に右前打を浴び、2死となってから吉田剛の場面でイチローは左翼に移ったが、またしても〝先輩〟は左前打を許した。腰痛を抱えた後輩を右に左に走らせ、1回を打者6人で3安打、自責点2で辛くもセーブをつけた。

「打球が飛んで行った時に、腰が痛いはずのイチローが一生懸命走っている姿を見て、本当に申し訳ないことをしたなというのは覚えている。こっちが申し訳ないのか、あっちが申し訳ないのか、よくわからないけれど」

98年オフ、木田はメジャー挑戦を実行に移した。

「俺は若い時からチャンスがあれば、と思っていた。教育リーグとか、フロリダのシングルAとか、何回も行かせてもらっていたので、いつかチャンスがあれば（メジャーで）やってみたいなとなんとなく思っていて。その後、FAという制度ができて、97年に肘を手術して、98年に1年間オリックスにいて、その時に肘の不安はなくなって、行ってみようと」

99年からデトロイト・タイガースでプレーし、NPB史上8人目のメジャーリーガーとなった。入団会見には羽織袴姿で登場し、映画『ロボコップ』の舞台がデトロイトだったことから「ロボコップに会えなくて残念」というご当地ジョークを飛ばした。つかみはOK。初年は主に中継ぎとして49試合に登板した。

メジャー2年目の00年途中に契約解除となり、オリックスに復帰。帰国して目撃した後輩はさらに大きくなっていた。

「なに言ってるんですか。だからメジャーに来たんですよ」

「日本シリーズの時から2年後、一緒にやった時は本当に成長していたし、オリックスを離れてデトロイトへ行って、またオリックスに戻った時は（イチローが）メジャーに行く直前だったから、日本では偉大な選手になっていたわけで。心技体すべての面で常に成長し続けていた。

イチローがやりたい野球がどんどんできるようになったと思う。要はボールを捉えられるゾーンがどんどん大きくなっていったというイメージかな。（木田が）シアトル（・マリナーズ）へ行った時は、アメリカでも偉大な選手になっていたわけだから、それはもうすごいスピードで登っていったと思う」

イチローは01年にマリナーズへ入団し、木田は02年に1年間に及ぶ腰痛治療を経て再び海を渡った。03年ロサンゼルス・ドジャース、04年途中にはマリナーズへ移籍し、2度目のチームメートとなった。

その年、イチローはメジャー新記録のシーズン最多安打記録を更新している。04年10月1日、レンジャーズ戦。本拠地のセーフコ・フィールドはざわついていた。

1920年、ジョージ・シスラーが樹立した257安打にあと1本と迫るなか、ファンはイチローを手拍子とともに「イ・チ・ロー」コールで打席に迎えた。球場が総立ち状態となるなか、第1打席の左前打でタイ記録。さらに、第2打席では中前打で、84年間破られなかった記録を更新した。

バックスクリーンの両脇からカラフルな花火が上がり、ベンチから飛び出してきたナインと抱き合い、一塁ベース脇には歓喜の輪ができあがった。数字の末尾を「8」に書き換えたプラカードが揺れる観客席に駆け寄ると、内野最前列で見守ったシスラーの子孫と握手を交わし、観客にはヘルメットを掲げて祝福の声に応じた。指笛、歓声……。熱狂の音がない交ぜになった球場の中、マリナーズのユニホームを着た木田はその時、ブルペンにいた。

喜びの輪には加われなかったが、偉大な記録樹立の瞬間、同じ球場に立ち会えたことは最高の思い出だという。

「いろんなものを持ち合わせていたと思う。本人が言っていた『野球が好きだ、誰よりも好きだ』というのは本当にあると思うし、それだけじゃなくて向上心があって負けず嫌いで」

メジャーリーガー1年目で新人シーズン安打記録となる234安打を放ち、打率・350で首位打者、最多安打、盗塁王。新人王、MVPも獲得した。2年目の

02年は2年連続200安打をマークしたが、マニー・ラミレス（当時ボストン・レッドソックス）が打率・349で獲得した首位打者は逃した。

日本では初めて獲得した94年から7年連続で首位打者に輝いていた。

「お前より打つヤツがいたんだな」

木田が電話で冗談を言うと、イチローはすぐに答えた。

「なに言ってるんですか。だからメジャーに来たんですよ」

そして、最終的に262安打まで到達したシーズン最多記録安打を達成した04年は、打率・372で2度目の首位打者を獲得した。

「メジャーでやるためになにが必要かという向上心を常に持って、首位打者を獲れなかったあとに、そこからまたもう1回首位打者を獲るという。野球をやるために必要な精神面もいっぱい持ち合わせていた。練習は誰よりもやっていたし、常に体のチェック、ケアを怠っていなかった」

生活のすべてを野球のために捧げていた

入念なルーティーンを含め、イチローは日々の生活からストイックに準備を整える選手だった。45歳まで現役を続けた木田も、現役時代は断酒し、付き合いのある時はウーロン茶で通した。オフは半断食で体を絞った。「その程度はやるけど。その程度ってことです」と話す。

「(イチローは)生活のすべてを野球のために捧げていた。集中しているというか、そういう生活をしていたのだろうなと。たとえば、一緒に食事に行っても常にマイペース……こっちもマイペースなんだけど(笑)。自分の時間の使い方を崩したくないのだろうし、余計なところに気を遣ってストレスをためたりしたくないんだろうし。それも、すべて野球のため。それができるっていうのは、なかなかない。俺はすぐ誘惑に負けるし、妥協するし。そういうところがなかったと思うんで、それがすごい」

45歳まで現役を続けた木田ならではの目線がある。自分の身長1メートル88センチの体をフルに使うにはどうしたらいいのか。骨格に沿った体の動かし方をすることが、よりボールに力を伝え、故障も防ぐという方法を学び、立ち方から実践していた。

「たとえば、肩甲骨の位置がずれずに肩関節が収まった状態で投げれば、肩の故障はほぼ防げる。その考えで投げている投手はたくさんいるけれど、肩だけではなく全身でやらなければいけない。自分はそれが大事なんだと感じて技術のなかに取り入れて、実践できた時期がちょっとあった。若い頃からやってなきゃいけなかった、年を取ってからもっと大切にしなきゃいけなかった、という思いもあった。

その骨格通りに動くという目線でイチローのバッティングを見たら、〝ああ、すげえな〟と思うところがたくさん出てきた。イチローはそういうところをやっていたはず。立ち姿、走り方が美しいと言われるのは、骨格のとおりに投げ、走り、打つことを究めたからかもしれない。

いわゆる、いままでの野球技術論でイチローのバッティングを語ろうと思ったら、おそらく語れないし、理解できない。いままでと違うことをやっているんだという目で見たら、たぶん違うものが見えてくる」

日米両国でスーパースターを目撃したからこそ、その知識財産を後世に伝えてほしいと願っている。

「これから、イチローの技術についてみんなが本当に理解できた時に、すごさがやっとわかる。俺がどこまでわかっているかというところもあるけれど、やっていたことのすごさ、やろうとしていたことのすごさで、まだ伝わっていないことがたくさんある。それが伝わったら、本当に球界の技術的なものの進化がさらに進む。

技術はイチロー一人で終わっちゃいけないもの。本人が育てるのか、技術を誰かが解析してその人たちが伝えるのかわからないけれど、打撃、走塁、守備……。終わらせてほしくない」

「やさおくん、ありがとう」

5歳下の後輩に対して、野球では最大のリスペクトを贈る。しかし、笑いについては「アイツは冗談も言うけれど、周りの人が笑ってあげているんだ。俺は笑わない」と厳しい。

木田はシアトルで日本食レストラン「MIYABI」を共同経営している。05年のオープン以来、日本人選手が数多く足を運んだ。ダルビッシュ有が訪れ、マリナーズに在籍した岩隈久志はかなりの頻度で通った。17年、日本ハムのGM補佐として大谷翔平をエンゼルスへ送り出すにあたり、要望は「シアトルへ行ったら、俺の店へ行け」とネタにするほど、おなじみの店だ。19年シーズンに海を渡った菊池雄星（マリナーズ、現・エンゼルス）も「今度行きます」と言ってくれたという。

しかし、イチローはまだ来てくれない。

「昔、朝のテレビ番組にオフに出た時に『シアトルの店にイチローが来てない』って文句を言ったら、本人がたまたま帰国して番組を観ていた。放送終了後すぐ『悪かったね』って電話がきた。『来いよ』と言ったんだけど、その次の年も来ないから、また番組で言ったらウケちゃって。アイツは頑なにまだ来てくれない」

19年3月に東京ドームで会った時に「もうそろそろ来ていいんだぞ」と声をかけたら、「考えとく」と返事があったという。「もうそろそろ来るかもしれない」と淡い期待を抱いている。

「1994年から2018年。イチローという選手の存在をこんなに楽しめた。それで十分じゃない？　ちょこっと一緒にやっただけだけど、俺にとってはすごく楽しかったし、ずっと見続けていたいくらい楽しかった。それで十分なんじゃないかな。

いままで〝あの記録は破れないよね〟って記録も破られてきたから、これからもひょっとしたら記録の面で迫ったり、塗り替えたりする選手は何十年か、何百年したらいるかもしれないけれど、〝あんなヤツ〟は出てこない。〝あんな〟はいろんなところにかかっているけどね」

引退発表後、木田は「長い間、お疲れ様でした。そして、ありがとう」とメールを打った。たくさんの人から送られたであろうメールに、返信があったという。

「あら、そんなメッセージを打てるようになったなんて素敵。やさおくん、ありがとう」と。

「ナメてるとしか言いようがない……ホントに」。苦笑いのなかに、やり取りを楽しんでいる笑いじわが浮かんだ。

ORIX
ORIX

「同級生でも話をするのに差し込まれてしまう(笑)。だから、面白い」

同い年の好敵手「魂のエース」

黒木知宏

くろき・ともひろ●1973年、宮崎県生まれ。延岡学園高から新王子製紙春日井を経て、94年のドラフト2位で千葉ロッテマリーンズに入団。98年、最多勝のタイトルを獲得。2007年に現役引退。13年からは日本ハムで1軍投手コーチを務め、同年に入団した大谷翔平を指導。17年に退団し、野球解説者として活躍。23年からはロッテの1軍投手コーチに就任。

取材・文●岡田剛(アンサンヒーロー)

「七夕の悲劇」が訪れる直前、1秒にも満たなかった一瞬の出来事が印象に残っている。

1998年7月7日、千葉ロッテマリーンズの黒木知宏は、グリーンスタジアム神戸（現・ほっともっとフィールド神戸）で行われたオリックス戦に先発した。当時チームは16連敗中で、その数字はプロ野球の連敗記録に並んでいた。

黒木は94年ドラフト2位でロッテに入団し、2年目から先発ローテーションの一角としてチームを支えた。「ジョニー」の愛称で親しまれ、「魂のエース」とも称された闘志あふれる投球でファンを魅了した。

連敗脱出を託された黒木は、8回を投げ終えて1失点の好投。チームも3対1と2点をリードして9回裏を迎えた。先頭打者はイチローで、空振り三振に仕留めた。この時、ベンチに引き上げようとしたイチローの「目」は、いまでも脳裏に焼きついている。

「先頭を抑えないと、同点、逆転も考えられた場面。苦しかったけれど、先頭を三振に取れたことはよかった。でも、よほど悔しかったのか、三振を取ったあとに彼をパッと見たら、にらむような感じで見てきた。0・5秒、1秒もないくらい。あの時は、悔しさだけじゃなくて、いろんな思いが詰まった目に見えて鋭かった。目力があるわけではなく、感情も消しているような目だった。彼が勝負師として本気で戦っていたから、ああいう目になったと思う。なんとか連敗を止めたい僕の気持ちと、先頭で出たい彼の気持ち。連敗中でなければ、印象に残らなかったかもしれない」

この後、2死一塁からプリアムに同点2ランを浴びてマウンド上で崩れ落ちた。ロッテは延長12回裏にサヨナラ満塁ホームランを喫してプロ野球新記録の17連敗。不名誉な記録は「18」でストップした。

イチローとの対戦はほかにも何度もあったが、チームの記録的な連敗とともに刻まれた記憶を忘れることはできない。

イチロー攻略は「外角高め近辺、直球系の変化球」

イチローが打てる〝ストライクゾーン〟は、審判が判定するゾーンよりもボール1個分、外に広いところまであったという。ボール球でもヒットにする技術があることに加え、ストライクかボールか微妙なコースに投げる、いわゆる「クサい球」で攻めると、見逃されてボールになってしまう。カウントを悪くして甘くなった球をはじき返されることが、イチローに攻略される投手の常だった。

黒木が編み出した打ち取るためのポイントは唯一、「外角高め近辺、直球系の変化球」だった。しかし、その球を投げられる状況は「2ストライクから」にかぎられた。

「追い込まれた左打者にはカットしにいかなければならない特有の場所がある。それが外角高め近辺。アウトコースのバットが出てくるような高さにドローンとした変化球ではなく、ストレートに見せて動かしていく変化球を投げる。とにかく強く振らせたくない。フルスイングされたら、大きい当たりになるから。

追い込んだ場面ではアウトコースの高め近辺が唯一、強く振らない場所かなという感じ。でも、そこ一辺倒じゃ間違いなく打たれる。追い込んでから投げないと手が出てこない場所だし、さらに、そこに行き着くまでが大変。この球ではこうだった、とかいろいろその場で感じながら追い込んで、最後の球に手を出すような仕向け方をしないといけなかった。最初の球から最後の球まで配球を逆算して、球種、球速、いろんなことを考えて。結局、追い込むまでが大変で、意識して試すことはなかなかできなかった。場面が限定されちゃうから」

攻略するためのウイニングショットを投げられた瞬間が、98年7月7日、あの七夕の空振り三振だったという。しかし、当時は試合の記憶がなくなるほど「必死こいて」投げていたため、実際に「仕留める球」を自分が投げていたことは、のちの松坂大輔を見て気がついた。

99年5月16日の西武―オリックス戦（西武ドーム、現・ベルーナドーム）で当時西武の松坂がイチローとの初対決で3三振に仕留め、「自信が確信に変わりました」と名言を残した一戦だ。初回の1打席目でカウント2―2から外角高め147キロで空振り、2打席目はフルカウントから外角高めから落ちる球で見逃し、3打席目は2ボール2ストライクから再び外角高めの変化球で空振り三振を奪った。いずれも、黒木が「ほかの選手がどう抑えようとしているかは、それぞれだからわからないけれど、自分はそう思っていた」という外角高めだった。

想定外のことすら想定内になるような重みのある「準備」

同い年のスーパースターは、どのコースにどの球種を投げても対応してきた。打ち取るには、投球技術以外の攻略法が必要だった。

そこで「ルーティーン」に目をつけた。イチローがつくる独特の雰囲気を壊し、マウンド上では自分の有利な状況に引き込もうと試行錯誤していた。

「ネクストバッターズサークルからストレッチして、屈伸して、打席に入る時も足を動かしてバットを立てる。ルーティーンにブレがなかった。間合い、空気までもが彼のテリトリーに入ってしまいがちになっていたので、僕の力が出せない状況をつくられないようにした。あえてプレートを外して僕の間合いで投球に入ろうと、僕のルーティーンを守った。早めにプレートに入ったり、彼のルーティーンを間引かせたりしていた。それでも、早めにプレートに入って投げようとすると、彼が止めたこともあった。その時は、もう一度仕切り直し。

投げる前から戦いは始まっていたけど、その空気が楽しかった。前の打者と対戦していた時から、（イチローとの戦いが）始まっていたような時もあった。苦しかったけど、対戦する楽しさは、どのバッターよりも飛び抜けていた。でも、数字を見ると結局、打たれているんですよ。でも、人って都合がいいもので（笑）、自分の中には打率ほどピンチの時に打たれた印象がなくて。試合の勝敗に直結する場面で打たれた時が少ないから、抑えていたイメージが強いのかもしれない」

社会人を経て入団した94年、イチローは登録名を変更して大ブレークしていた。1軍で初登板した95年から、メジャー挑戦前年の00年までの6年間で通算対戦成績は被打率・319。本塁打は1本も打たれていなかった。

対戦相手として、取材者として。さまざまな角度からその姿を目の当たりにした。イチローが大切にしていた「準備」の重要性は、現役引退後に指導者の立場から選手を見たことで痛感したという。

「イチローはすべてにおいて準備ができていた。準備っていう言葉は簡単だけど、想定外のことすら想定内になるような重みのある『準備』は難しい。いい時は誰でもいい結果が出る。準備を怠ると、選手寿命が短くなる。彼はいい時でも、その先を目指すための準備をしていた。だから、長く現役を続けることができた。普通だったら、大きなケガや失敗をしてから始める準備を、彼は小さい頃から足を止めずにやってきた。僕がもし生まれ変わったら、小さい頃から準備をしてメジャーリーガーになりたいと思う」

険しかった、19年キャンプ初日のイチローの目

イチローが日本にいた頃、グラウンドの外でも親交があった。神戸ではイチロー行きつけの店でご飯を食べたこともあった。そこで見えた表情は、人間味あふれる「鈴木一朗」の顔だった。

「野球以外のことにも興味があって、あれだけの実績を残していても上から見ている感覚はなかった。とにかく、話を聞いてくれるし、しょっちゅう笑っている。一方で、同じ肉を食べていても、自分は石の上で焼いていたら彼には専用のコンロに網があって、その上で焼いていたりして。メシを食う時はやっぱり『イチロー』になっちゃっているのかなあと。そうしていると、今度は『結婚っていいの？』と聞いてきたり。01年頃かな。『結婚っていいよ～』と勧めたこともあった。

世界一のイチローじゃなくて、鈴木一朗の一面もちゃんとある。そのギャップがとてもいい。一緒にいて楽しかった。仲間はそういう人間味に惚れるんじゃないか

な」

メジャー移籍後は以前のようには会えなくなってしまったが、野球解説者となった黒木が現地で取材する時には必ず同級生のもとへ足を運んだ。

19年春季キャンプを訪問した時は、いつもと違った目をしていた。

「毎回、日本人選手のなかでもいちばん初めに会いに行っていた。キャンプ初日に軽く声をかけたけど、目が険しくて、いろんな感情があったと思う。キャンプ中はなかなか話すことは難しいけれど、いつも『ヘイ、ジョニー！』ってニコニコしてよく話をしてくれた。今年（19年）は違った。引退のこととか、いろいろあったのでしょう。3月12日に『日本で待ってるよ』と連絡したら、先にイチローが日本に来ていたから『まだいるの』と返されて。キャンプの最初は険しい表情だったけど、最後に連絡を取った時は穏やかになっていたように感じた。12日だけは『鈴木一朗』だったかもしれない」

19年3月21日、東京ドームで行われたマリナーズ―アスレチックス戦を観戦した。その途中、試合終了後にイチローが会見を開くとの情報が入った。背番号「51」の勇姿を目に焼きつけようと、仕事への移動時間も迫っていたなか、3打席、そして守備につく姿を見守った。

「来る時が来たなと思った。同級生のなかで誰が最後まで続けるのか楽しみだったけれど、やっぱり最後にユニホームを脱いだのはイチローだった。同級生として誇らしいし、さすが」

ソフトボールでもう一度勝負したい

引退会見はリアルタイムで見ることはできなかったが、「らしさ」が出ていたという。

「記者とのやり取りが彼らしかった。みんな言葉を選びながら質問していたけど、イチローはそれを察して、面白く場を和ませようとして『なにかおかしなこと言ってます、僕？ 大丈夫？』って何度も言っていた。これは、彼が記者のみなさんに配慮していたんだと思う。涙はなく、晴れ晴れとした表情で『あのイチローは今日で終わりだから、鈴木一朗としての言葉も返してあげたい』『ざっくばらんに話してあげたい』、そんなふうに見えた。

彼に対する言葉は、いつも考えさせられる。どんなことを返してくるのか興味を引かれるので、どんなふうに聞こうかなと考える。たとえば『どうなの？』って聞くと『なにに対してどうなの？』となる。だから、ちゃんと具体的に聞かないといけない。同級生でも、話をするのに差し込まれてしまう（笑）。だから、面白い。それも魅力だった」

ともに現役を引退したいま、ちょっとした夢がある。黒木が小学校の時に熱中していたあの競技だ。

「いつか、元気な体で元気な気持ちを持った状態でまた対戦したい。ただ現実、今年(19年)で46歳。イチローはまだ現役を終わったばかりだけど、僕の体は元気じゃないので。だから、ソフトボールで勝負したいな。野球なら負けるけど、僕のテリトリーのソフトボールでもう一度勝負したい。なかなか打たせないですよ」

同じ年に生まれ、同じ時代に対戦したスーパースター・イチローは黒木にとって、どんな存在だったのか。

「同級生として誇れるスーパーマン。どんな形で野球界に尽力してくれるんだろう」

ライバルとして対戦した時間は、一瞬の出来事でさえ、いつまでも忘れることのできない思い出となった。同級生のいちファンとしても、「鈴木一朗」への興味は尽きない。

SEATTLE

KOBE

「イチローに会った時『俺の振り子と違うよね』と言われました」

「イチロー2世」と呼ばれた親友

坪井智哉

つぼい・ともちか●1974年、愛知県生まれ。PL学園高、青学大、東芝を経て、97年のドラフト4位で阪神に入団。新人の年に打率・327をマークするなど活躍。2003年に日本ハムに移籍すると、同年に打率・330と史上初の両リーグ1年目で打率3割越えを達成した。11年、オリックスに移籍。14年に引退を表明。15年からDeNAの1軍打撃コーチ。25年からはヤクルトの2軍打撃コーチに就任。

取材・文●平尾類(IMPRESSION)

坪井智哉は1974年2月生まれで、イチローと同学年。プロに入団してから知り合い、オフは毎年、合同自主トレを行い、定期的に会食もしてきた。忌憚なく話せる無二の友人であるとともに、野球人として異次元の結果を残し続けるイチローの姿に尊敬の念を抱く。

19年1月、毎年恒例の国内自主トレでイチローの動きをつぶさに見ていた。

「自主トレには毎年行かせてもらっています。一緒に練習したのは僕が現役引退した14年が最後ですが、（15年に）DeNAのコーチに就任してからも毎年見させてもらって。今年（19年）も、全然衰えは感じなかったですね。

毎年いろいろ試行錯誤するんですが、自主トレで打撃フォームがガラリと変わっていました。毎年見てきたなかでもいちばん大きく変わっていたので覚悟を感じましたね。打球も飛んでいたし、鋭かった。打撃だけでなく、肩やランニングでも見ているかぎりでは衰えを感じなかった。当然のように今年も現役をやるんだなという感覚でした。彼の中で限界があったのかとか、そういう話はしていないです。だから、引退と聞いた時は複雑でした」

自主トレから2カ月半後、3月20日開催のマリナーズ－アスレチックスの開幕戦（東京ドーム）を観戦した。イチローは「9番・右翼」で先発出場した後、4回裏の守備についた直後に交代。ベンチへ引き上げるスターはチームメートに次々とハグで出迎えられた。

「プレーする姿は米国では何度か見たんですけど、日本でスタンドから見たのは7年前（12年のマリナーズ―アスレチックス戦）以来、今回が2回目でした。特別な感じがしましたね。試合途中で右翼の守備位置についてから1回下がったじゃないですか。『おいおい、引退？』みたいな雰囲気が流れて。海外の人はよくハグをするものですが、試合途中であんな熱いハグをする光景に不思議な感覚がしました。（開幕2戦目の試合後に現役引退表明したことは）ショックという感じでもないし、お疲れ様でもないし……。嘘でしょって感じですかね。どこで引退を決めたのかな。オープン戦でいい結果が出ていたらわからなかったのかもしれないし、それはいまの時点ではわからないですね。オフに会ったらいろいろ話したいです」

「イチロー2世」と呼ばれるのは複雑な気持ちでした

高校時代、坪井はPL学園、イチローは愛工大名電という強豪校だったが、当時は対戦することがなく面識もなかった。ただ、坪井にとってアマチュア時代からイチローは特別な存在だった。青山学院大に進学すると、イチローの「振り子打法」を参考にした打撃フォームに改造。4年秋の東都リーグで打率・409をマークした。東芝でも打撃に磨きをかけ、アジア野球選手権の日本代表に選出された。

「僕は甲子園に出場していないので（イチローが出場した）甲子園も見ていませんでした。僕の幼なじみが愛工大名電に行って『鈴木ってすごいヤツがいる。絶対にプロに行く』と話していました。そんなすごいのかと思っていましたね。

当時、僕は直球には強かったんですが、変化球が全然打てなかった。それがコンプレックスで。当時は（元ダイエー、西武の）佐々木誠さんを参考に足を大きく上げて打っていました。大学3年の時に『このままではプロに行けない。なにかガラリと変えないと上に行けない』と思って参考にしたのがイチローの振り子打法でした。3年秋のリーグ戦が終わってからやり始め、4年春まで長い間試行錯誤を繰り返しました。

当然、最初は全然うまくいかなかったです。体重移動とか別次元の打ち方でしたね。自分の中では（打ち方を）左から右に変えるぐらい、感覚がまったく違いました。やり始めた当初はイチローの打ち方をそのまま真似してやったけれど、全然打てなかった。よくこんな打ち方できるなって。

試合でも全然打てませんでした。それでも足を振る角度を変えたり、いろいろ試しました。ただ、打撃フォームを元に戻そうというのはなかったですね。もうあとがない状況で、これでだめだったら仕方ないという覚悟でやっていたので。それから徐々に打てるようになって。実際、イチローにあとで会った時に『俺の振り子

（打法）と少し違うよね』と言われましたけど」

坪井は97年のドラフト4位で阪神に入団。ルーキーイヤーのオープン戦でイチローと知り合うと、絆が深くなるのに時間はかからなかった。同年は熾烈な首位打者争いを繰り広げるなど打率・327をマーク。セ・リーグ会長特別表彰を受賞した。イチローと同じ振り子打法だったことから、当時は「イチロー2世」と注目されるなど華々しいデビューを飾った。

「イチローは同級生でありながら別格です。オープン戦で初めて会ったのですが、オーラがありましたね。これがイチローかと客観的に見ていました。（『イチロー2世』と呼ばれたのは）恥ずかしいというのも半分あるし、イチローを参考にしている部分はあるんですが、真似って言われるのが嫌な時もあった。複雑な気持ちでしたね。『人の真似している選手に打たれたくない』と（相手投手に）言われて、やるせない気持ちになったし、とにかく結果を出すしかないと思いましたね」

普段は普通にバカ笑いする

イチローと坪井がともに日本球界でプレーした期間は3シーズン。野球談義からテレビのバラエティ番組など話題は尽きなかった。坪井はスーパースター像からかけ離れたイチローの素顔を知っている。

「簡単に言えば、優しい。そして明るいです。優しいと言われることは本人はあまり好きじゃないみたいだけど、さりげない優しさがすごくある。入団した当時はこっちが1年目で、あっちはスーパースター。食事の時にいろいろ野球のことを聞かれるのも嫌かなと思ったんですけど、4個だけどうしても聞きたいことがあって。箇条書きにしたメモを持っていったんです。

どういう気持ちで打席に入っているか、メンタル面、打撃の技術的な部分。聞く前は、食事の時だからそういう話は止めようとか、ちょっと面倒くさそうに答えるかな……とかいろいろ考えていました。でも、もしそうなったら仕方ないなと思い、飲食店のカウンターで二人きりで食事していた時に思い切って聞いたんです。そうしたら身振り手振りで丁寧に答えてくれて、最後には立って説明してくれて。僕もびっくりしました。カウンターだから目立つじゃないですか。周りのお客さんも『イチローがなんかやっているぞ』ってざわついて。

その時に『ここで説明するのもあれだから、今度家においでよ』って神戸の家に招いてもらって。トレーニングルームに鏡やバットがあって。ご飯を食べたあとに打撃の話をしたり。いろいろ教えてくれました。いまは……そういうことをすごく思い出しますね。あの日があったからいまの僕がいる。自主トレで一緒にやらせてほしいって言ったら快諾してくれたし、イチローには感謝の気持ちしかありません。

いまはイチローもくだけた姿を見せるけど、当時はメディアの前であまり笑わなかったじゃないですか。周りを寄せつけない雰囲気で。でも、普通にバカ笑いするんですよ。声も大きいし。メディアの前でもそんな感じを出せばいいのにって思っていました。メジャーで米国に行ったあとも帰ってきた時にお笑いの話をするんですけど、米国にいるから1年ぐらい流行から遅れているんです。『それ、古いやん』って突っ込んだら、『え？　マジで？　俺の中ではめっちゃブームなんだけど』って。少し遅れているのがちょっと面白かったですね」

引退を決断した時は直接会いに行きました

坪井は野球人生の節目でイチローに必ず相談、報告をしていた。10年オフに日本ハムから戦力外通告を受けて2軍打撃コーチの要請を受けた時、11年にオリックスに入団する時、12年に米国の独立リーグでプレーを決断した時、14年に米国で現役引退を決断した時……。

「(日本ハムを10年かぎりで退団した際は)コーチの話をいただいていたけれど、まだ体は動くし、野球やりたいんだよなって相談しました。(現役続行へ)背中を押してほしいという思いがあったんだと思います。『やりたいんだったら、やればいいんじゃない？　やるべきでしょ！』と彼が言ってくれたことを覚えている。

米国の独立リーグでプレーをするか考えた時も連絡しました。単身赴任で米国に行くって結構な覚悟が必要じゃないですか。治安の悪い都市もあるし。家族のことは心配してくれましたけれど、イチローと話して『ああ、やっぱりやろう』って。引退を決断した時は直接会いに行きました。僕は引退を決めていて『ちょっと話があるんだけど、どっかで時間をつくってほしい』とメールして。当時住んでいた場所から電車で3時間かけてニューヨークのイチローの自宅に行きました。僕が野球をすごく好きだということを彼はわかってくれていた。『想像はしていたけど、それだけ覚悟を決めたことだから』と言ってくれました。僕の野球人生でいちばん影響があった人なので、自分の口から伝えたかったんです」

イチローが引退を発表後、坪井は1通のメールを送った。互いに現役の第一線からは退いたが、深い友情で結ばれた関係性は変わらない。イチローの今後についても思いをめぐらせた。

「メールには〝お疲れ様でした〟ではなく、違う言葉ですね。感謝の思いをつづりました。ありがとうっていう思いがいちばん強いかな。友達でもあるし、尊敬できる人ですから。ほかの人からもたくさん来ていたと思うので、メールを返してくれただけでうれしかったです。

今後……どうなるんですかね。数年前はNPBで監督やコーチをやることはないって言ってましたけどね。うーん、やるイメージは湧かないですけどね。でも、いつか日本に帰ってきて、なにか野球に携わってほしいですね。神戸が大好きですし、神戸に住むんじゃないですか。また会った時に、ゆっくりこれからのことも話したいですね」

第2章
イチロー前夜と青波《ブルーウェーブ》の時代

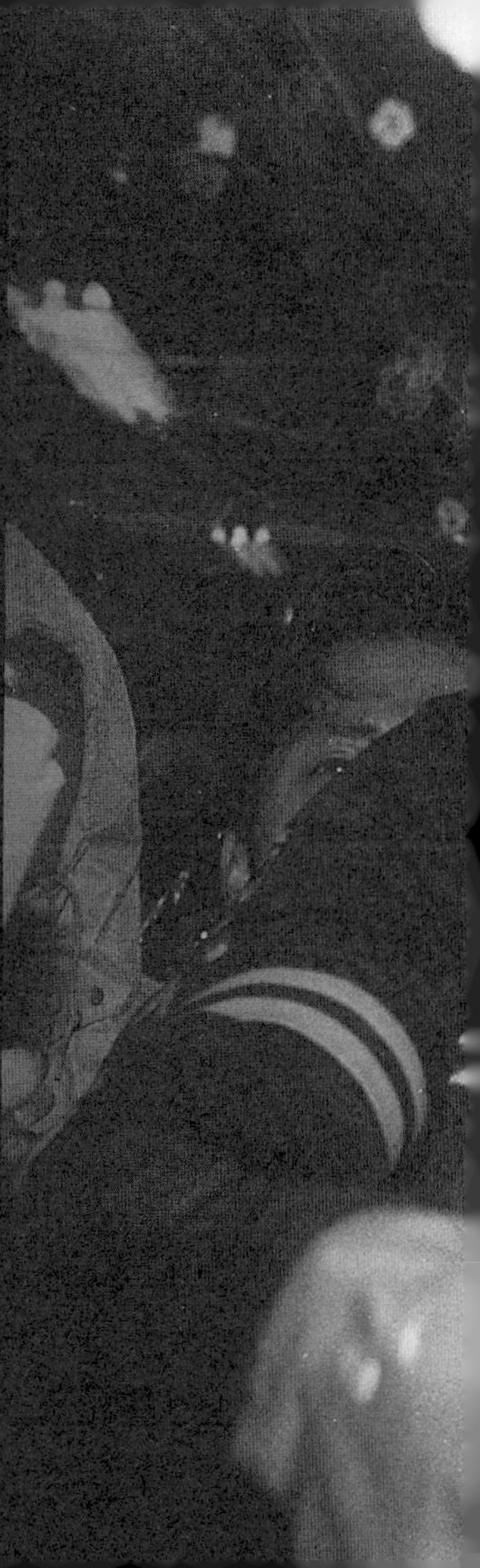

BW

「エラーしたイチローの鬼気迫る表情と『絶対打ちます』の言葉」

不動の1、2番コンビ

福良淳一

ふくら・じゅんいち●1960年、宮崎県生まれ。延岡工高から大分鉄道局を経て、84年のドラフト6位で阪急ブレーブスに入団。堅守の二塁手として活躍し、88年、94年ベストナインを受賞。97年に引退。98年、オリックスの2軍打撃兼内野守備走塁コーチに就任し、99年には2軍守備走塁コーチ、2001年にスカウトに転身。16年から18年までオリックス監督を務めた。19年6月からゼネラルマネジャー。

取材・文●福田晃広(清談社)

イチロー、田口壮らとともに、90年代のオリックス黄金期を支えた福良淳一。1994年のシーズンでは、毎試合のように打順が変わる仰木監督の采配のなかで、1番イチロー、2番福良のコンビが多く起用された。信頼されている証しだった。イチローは、福良の野球に対する姿勢を見習い、尊崇《そんすう》の念を抱いていたという。

「今年(2019年)1月の自主トレ、2月のキャンプでの練習を見ていても、バッティングも守備も走塁もすべての面で年齢を感じさせない動きをしていました。新しい打ち方にもチャレンジしていましたし、自分の限界を決めずにまだまだ進化しようとしていた。イチローと話した時も、引退の雰囲気はまるでなかった。本人が公言していたように、50歳まで現役を続けると本当に思っていましたから、ただただびっくりですよ」

福良の目から見ても、イチローの動きにまったく衰えは感じられなかった。福良と同じ日に練習を見学した高橋由伸も、イチローの変わらないプレーぶりに驚きを隠しきれなかったという。

イチローの今年(19年)のキャンプイン時の体脂肪率は、チーム最低値の7パーセント。しかも、この数値は10年以上変わっていない。バッティングの飛距離も変わっていないどころか、イチローが語っているように、この18年間で飛距離がいちばん伸びているというから驚きだ。

「練習で、5本連続でスタンドに入れていましたよ。それも、全部中段以上に。東京ドームでは看板に当てていました。よく言われているように、イチローは飛ばすコツを知っていますから、ホームランだけ狙ったら、いまでも30本以上打てるんじゃないですかね」

メジャー19年目だった今シーズン、イチローは新たな打撃フォームを試行錯誤していた。メジャーで3089本のヒットを積み重ねていても、常に現状に満足することなく、さらなる進化を求める姿は、45歳になり、引退する瞬間までまったく変わらなかった。

毎日、夜中の3時までバッティング練習

イチローが91年に入団した時、福良は堅守の二塁手としてチームの中心選手だった。1年目の7月に初めて1軍に上がってきたイチローのプレーを見た印象をこう語る。

「足が速い、ボールをバットに当てる技術があるという話は聞いていました。たしかに評判通りでしたけど、正直まだ1軍で活躍するほどの力はなかったですよね。というのも、1軍レベルのピッチャーの球を引っ張ることができてなかったですから。でも、どんな球でも対応できるうえ、芯で捉える能力には長けていましたね。

あと、感心したのは、多くの1年目の選手はオフになると、遊びに行ったり、実家に帰ったりするんですが、イチローはシーズン中と変わらず室内練習場で汗を流していた。これまで、そういう若い選手は見たことがなかったです」

1年目、2年目とファームで首位打者を獲得したイチロー。バットの芯にボールをしっかり当てる技術は入団当初から優れていたものの、力強さには欠けていた。それでも、3年目からは徐々にパワーもついてきたという。

「イチローは、ゲームが終わって寮に帰り、夜中の3時くらいまでバッティング練習をしていました。それを毎日、続けるっていうのは本当にすごいことです。その積み重ねが3年目の大活躍につながり、引退するまでずっと変わらなかった。なによりも野球が第一で、日々のルーティーンもすべて野球につながっていますからね。あとはそのタイミングで仰木監督に代わったのも大きいです。というのも、監督からは『なにがあってもレギュラーで使い続ける』と言われたと思うんです。となると、外される心配がないわけですから、メンタル面に余裕ができて思い切ったプレーができたのではないでしょうか。

たとえば、普通のバッターは4タコしたら、5打席目はどうしても打たないといけないという気持ちになりますから、慎重になるところなのです。ただ、イチローはそんなことお構いなしに自分のストライクゾーンに来たら、初球でも打ちにいっていました。そういう強心臓な点もイチローのすごさのひとつですね」

前述のように、イチロー3年目の94年は、チームとしても1番イチロー、2番福良の1、2番コンビが機能したシーズンだった。

「イチローのあとに打席に立つのは楽しかったです。とくに94年は、イチローが210本ヒットを打った年ですから、常にどこかの塁にいますよね。イチローが一塁にいる時は盗塁するまで基本的に待ちます。だいたい走っていましたけど、『走れないときはサインをくれ』とイチローには伝えていました。こっちにしたら、追い込まれる前の早いカウントで走ってほしいですから、イチローも当然それを考慮して、3球目くらいまでにはサインをくれました。神経を使うってわけでもないですけど、いつもどう打つか考えながら、打席に立てたので楽しかったですよ」

あのイチローがまさかのトンネル

イチローが大ブレークした94年は、福良の最多連続守備機会無失策記録が止まった年でもあった。93年4月23日から続けてきた、二塁手としての連続守備機会無失策の記録は、94年7月31日でストップ。

その試合は西武球場（現・ベルーナドーム）で行われた西武戦。強い雨が降り、2度の中断を挟み、迎えた7回裏の西武の攻撃。オリックスの4点リード。マウンド上はサウスポーの星野伸之、バッターは西武の4番・清原和博。福良はなんとなく嫌な予感がしたという。

清原は星野に対し、バットが遅れて出てくることが多かったため、セカンド方面への打球が多かった。福良の予想通り、一、二塁間にポップフライが上がり、自ら捕りにいくも、グラブの真ん中で弾いてしまい、落球。1年3カ月をかけて積み重ねてきた無失策記録は、836で止まってしまった。

さらにピンチが続き、一死満塁。ライト前に打球が飛ぶと、あのイチローがまさかのトンネル。終わってみればこの回で大量6点を奪われる。2点差を追う8回表のオリックスの攻撃。その時のイチローの表情は印象深く、いまでも忘れられないと福良は回想する。

「雨が降っているとはいえ、人工芝の球場でイチローがエラーするのはめったにないこと。私もイチローもミスを取り返すために必死でした。あの時のイチローの、あんな鬼気迫る表情は初めて見ました。打席に入る前も『絶対打ちます』と言っていましたから」

1点を返したあと、イチローに打席が回り、宣言通りにタイムリー二塁打を放ち、福良がレフト前ヒットでイチローをホームに迎えて、同点。エラーをした2人が自らのバットで挽回し、チームを逆転勝利に導いた。

「この試合のイチロー、あの鬼気迫る表情は、いまでも強烈に覚えていますね。だからこそ、忘れられない勝利になりました」

日本シリーズで「ホームランを打ってきます」

ゲームが始まれば、巧打に徹するイチローだが、福良によれば、一度だけ柵越えを狙ったことがあったという。

「96年の巨人との日本シリーズ1戦目でした。3対3の同点で迎えた10回表2死、それまで4打席凡退していたイチローに打席が回ってきて、ベンチを出る時に、私に向かって『ホームランを打ってきます』と言ってきたんです。

そうしたら、相手投手の河野博文のストレートを見事に打ち返して、ライトスタンドに一直線ですよ。まさに漫画のような予告ホームランを大舞台で達成したんです（笑）」

集中力の高まったイチローの打撃がいかに相手チームにとって脅威なのかがわかるエピソードだが、守備においても、イチローにしかできないようなプレーがたびたびあった。

「ご存じのようにあの足の速さ、肩の強さに加えて、送球もコントロールがいいですからね。わざと捕球を遅らせて、ランナーをおびき寄せて、サードやホームで刺すみたいなこともよく仕掛けていました。私も二塁に走者がいたら、一、二塁間はライトのイチローに任せて、センターラインのケアだけするみたいなことをやっていました。それぐらいイチローの肩を信頼していましたね」

福良は、意外なことにいちばん苦手だったのは走塁だったのではないかと指摘する。

「盗塁というよりも打球判断であるとか、ベースランニングですよね。イチロー自身も野球でいちばん難しいのは走塁だと発言しています。周りから見ていたらそんなふうには見えませんけど、本人の中では走ることに苦手意識があったみたいです」

イチローのすごさは「継続力」

イチローが、走攻守のすべてで超一流であることに疑問の余地はない。しかし、それ以上にすごいのはひとつのことを根気強く続けられるところだと、福良は言う。

「結局、イチローのすごさはそこに尽きます。どんな選手でも少しは休みたい日が必ずあるものなのですが、イチローにはそれがまったくない。毎日、試合や練習が終わったら、グラブやスパイクをきれいに磨く。夜中でも素振りやマシン打撃を行う。同じことを何十年もやり続けることで、自分のリズムができていって、万全の状態で試合に臨む。そのルーティーンが数々の偉大な記録を生んだと言っても過言ではないでしょう」

まだまだ現役を続けられる体力、気力がありながらも、試合で結果を残すことができず、引退を決断したイチロー。インタビューの最後に福良は、イチローの引退後について、次のように語った。

「日本人の多くは、監督をやってほしいと思っているかもしれませんが、残念ながらそれはなんとなく可能性が低い気がしますね。でも、これだけの選手ですから、必ず野球界になんらかの貢献はしてほしい気持ちは当然あります。本人がこれからなにをするのか、しっかりとしたプランを考えているはずですから、温かく見守っていきたいですね」

KOBE
RIX

「色紙へのサインよりも、自分のルーティーンを優先させるすごさ」

〝ブルーサンダー打線〟の先輩

藤井康雄

ふじい・やすお●1962年、広島県生まれ。86年のドラフト4位で阪急ブレーブスに入団。社会人ナンバー1と評された強肩と長打力で95、96年のリーグ連覇など、オリックス黄金期に貢献。通算満塁本塁打14本は歴代3位で勝負強いバッティングが特徴。2002年の現役引退後、オリックス2軍打撃コーチ、スカウト、1軍打撃コーチなどを歴任。23年からは社会人野球チームのアスミビルダーズのコーチを務める。

取材・文●沼澤典史（清談社）

「50歳までやると思ってたんですけどねえ。やっぱり寂しいですね」

現在（2019年）、オリックスの2軍打撃コーチを務める藤井康雄は、ファームの試合終了後、開口一番イチローの引退を惜しむ発言をした。

藤井はイチローよりも5年早い、1987年に阪急ブレーブスに入団。左の強打者として〝ブルーサンダー打線〟の一角を担い、通算282本塁打を誇った。チャンスに強いことでも知られ、通算満塁本塁打14本は歴代3位、通算代打満塁本塁打4本は日本プロ野球記録でいまだ破られていない。

オリックス時代、チームメートとしてイチローを見てきた藤井。イチローの引退についてこう続けた。

「今年（19年）1月、神戸での自主トレを見に行きましたが、そこでもバッティング、とくにボールを芯で捉えることに関してはまったく衰えていなかった。完璧にボールを打ち返していましたから、本当に50歳までやれるなと思いました。一緒にプレーした仲間がいまだに現役でプレーしている、それもメジャーリーグでやっているのはうれしいかぎりだったので、残念な気持ちです」

絶対に乱れないイチローの「ルーティーン」

初めてイチローに出会ったのは、92年1月の自主トレだった。

「寮の近くでイチローが練習をしていたんです。まだ線も細くて、初々しい新人というような印象でした。私も先輩風を吹かせて『イチロー、あんまり無理するなよ』と初めて声をかけた記憶があります（笑）。ただ、その後の練習やプレーを見てみると、高卒にしてはボールをしっかり芯で捉えられているなと感心しました。足の速さも目につきましたが、守備や走塁の技術はまだまだでしたね。肩も強かったけど、レーザービームというほどのコントロールはまだありませんでした」

イチローはプロ2年目までは1軍になかなか定着できずにいた。しかし、3年目の94年、シーズン210安打という当時の日本プロ野球記録を打ち立て、その才能が一気に開花。当時のことを藤井は懐かしむ。

「2年目途中くらいから1軍に上がり始めてきて、『早くも上がってきたな。じゃあ、一緒に飯でも行こうか』って、試合終わりやプライベートでもご飯に行くことはありましたね。ただ、3年目以降に世間でイチローフィーバーが巻き起こると、世間の目もあったので気軽に誘えなくなってしまいました。

その年はオープン戦でもしっかり結果を残して、打率も3割中盤くらいだったはずです。そのまま開幕戦から1番ライトで出場してましたけど、僕は正直『プロはそんなに甘くないぞ。だから、そのうち打てなくなるんじゃないか』と思っていました。でも、とんでもない。210本打って、打率も4割に届きそうな勢いでしたから、『こいつすげぇな』って思いましたね」

イチローが突出していたのはもちろん安打数だけではない。藤井がとくに目を見張ったのは、イチローの揺るぎないルーティーンだった。

「イチローのなにがいちばんすごいかといえばルーティーンです。いまとなってはみながルーティーンの重要性を認知していますけど、当時はそこまで浸透していなかった。イチローは誰よりも先に、その重要性を感じ、しかも絶対に崩れませんでした。ゲームが終わると、必ずグラブとスパイクを磨き、夜中までマシン打撃をする。本当によくここまで毎日同じことができるなと思って見ていましたね。ほかの選手でもゲンを担ぐ意味でルーティーンをしている人はいますが、普通は崩れますよ。それがイチローは絶対に乱れない。本当にすごいなと思いましたね」

なによりもルーティーンを大事にするイチロー。それを象徴するようなエピソードがあるという。

「いまでも覚えているんですが、イチローのロッカーだけ色紙が山積みになっているんです。いろんな人にサインを頼まれて持ってくるのですが、それでロッカーがパンパンになるなんてありえない。でも、僕らだったらサインを書いてすぐ色紙を減らせるんですけど、彼はなかなか書かないんですよ。だって、イチローのルーティーンのなかには『サインを書く』という時間は入っていないんですから。だから色紙が溜まっていく。それくらい忠実にルーティーンを守っていました」

マスコミ対応を藤井に相談したイチロー

3年目からメジャーに行くまでの7年間、オリックスの中心選手として活躍したイチロー。当然チームメートにとっても心強い選手だった。

「イチローだったらなんとかしてくれるっていうベンチの雰囲気が常にありましたね。僕らがクリーンアップを打っていても、イチローまで回せばチームが勢いづいていくだろうという意識はありました。200本安打もそうですけど、ワンバンの球をヒットにしたり、普通のショートゴロを内野安打にしたり『イチローは普通の選手じゃない』とチームの誰もが思っていましたから。よく意地悪く『200本のうち60本近くは内野安打やないか』と批判する人もいます。でも、それはボールをバットに当てられる技術があるってことです。実際イチローは極端に三振が少ないですから」

こんな頼れるイチローも、若かりし頃、マスコミ対応について藤井に相談したことがあるという。

「僕があのイチローにアドバイスしたとはね（笑）。僕はファンに対しては親身にくサインも嫌がらず、なるべくしてあげようとは思ってました。１人でも応援してくれるなら、嫌な印象は与えないようにしようと。イチローは非常に頭のいい人なので、質問の内容によっては『こいつ、なに聞くねん』という嫌な顔をするでしょう（笑）。だから、そういうところも含めて、ファンやマスコミの対応について、ちょっとした助言はしたかもしれません」

オリックス時代からイチローは、打撃練習で外国人選手に匹敵するほどの飛距離を見せていた。藤井によれば、その優れた打撃センスは群を抜いていたという。

「オリックス時代、フリーバッティングの時に、僕と（トロイ・）ニールとイチローでよくホームラン競争をしていました。そこでも僕とニールはイチローに敵わなかったですからね。それだけボールを飛ばす能力も並はずれています。ホームランはパワーだけじゃなくて、リズムやタイミングも大事ですから、イチローは体が細くてもバンバン、スタンドに放り込んでいました。

飛ばそうと思えば飛ばせるけど、自分にはなにが求められているのかを、彼は若い頃から考えていたんだと思いますね。その結果、いかにヒット数や出塁率を高めるかに重点を置いて、現在のイチロースタイルになったんじゃないでしょうか」

最終的には監督をやってほしい

01年、イチローはマリナーズへ移籍。日本人野手初のメジャーリーガーとなったが、当時はメジャーでの活躍を疑問視する声が多かった。チームメートであった藤井でさえも、その例に漏れなかったという。

「彼がメジャーへ挑戦すると知った時、正直通用するのかなと思いました。メジャーリーガーには圧倒的なパワーが不可欠だというイメージでしたから、まず体格的に難しいんじゃないかと思いましたね」

そんな藤井の心配は杞憂に終わり、イチローはメジャー1年目から大活躍。新人王、MVP、首位打者、盗塁王、シルバースラッガー賞、ゴールドグラブ賞など多くのタイトルを獲得。鮮烈なデビューを果たした。

「正直、ここまで活躍するとは思わなかったです。驚きました。イチローのようなホームランバッターではなく、三拍子揃った選手でもメジャーで通用することが証明されましたね。イチローが先例をつくってくれたおかげで、田口（壮）などが挑戦しやすくなったとは思います。彼の偉大なところは、成績はもちろんですが、そうしたデータには表れない部分も大きいでしょう」

45歳まで現役を続けたイチロー。藤井も当時の現役最年長野手として、40歳になった02年まで現役生活を続けた。ベテランとされる立場になった者同士にしかわからない境地、そしてイチローの胸中をこう察した。

「年を重ねると、自分との戦いになってきます。毎年が勝負になってくるのでそういう意味の大変さ、孤独感は非常につらいものがあります。上からも下からも言われない立場なので、甘えようと思えば甘えられる。でも、そこで自分にいかに厳しくできるかが重要になってきます。僕でも大変だったのに、イチローはメジャーでそれをやっていたので本当に大変だったと思いますね。ただ、やることはやってきて、体は元気だし、気力もあるんだけど、実際にプレーで見せられないのはファンを裏切ってるような気持ちになるんですね。イチローもそういう気持ちを感じていたんじゃないでしょうか」

現役を引退したイチローには、日本球界へ戻ってくることを望むファンが多い。藤井もイチローの日本球界復帰を期待する。

「本人は野球しかないと思っているでしょうけど、イチロークラスになったら野球以外でも、やりたいことはなんでもできるんじゃないですか(笑)。まあ本音を言えば、いつか日本に帰ってきて、オリックスを立て直してほしいですよね。それがオリックスファンも、日本の野球ファンもいちばん喜ぶことだと思います。もちろん最終的には監督をやってほしいですよ。どんな野球をするのか興味津々です。イチローイズムに選手やコーチがついていけるのか、難しいところでもあり、今後の楽しみなところでもありますね」

#「先輩たちと焼き肉に行っても『マイペース』っぷりはブレない」

「PUNCH」と「ICHIRO」

パンチ佐藤

ぱんち・さとう●1964年、神奈川県生まれ。本名、佐藤和弘。武相高から亜大、熊谷組を経て、89年のドラフト1位でオリックス・ブレーブス(現・オリックス・バファローズ)に入団。主に外野手としてプレーし、社会人時代にあてたパンチパーマの風貌とコメント力で注目を浴びる。94年シーズンで現役引退、同年11月から芸能活動を開始。テレビやラジオ、CM、映画出演など幅広く活動し、現在も数々のメディアに出演する。

取材・文●岡田剛(アンサンヒーロー)

「パンチとイチロー」——。

1994年のシーズン開幕直前、プロ5年目の外野手・佐藤和弘は、当時3年目の鈴木一朗とともに新登録名「PUNCH」「ICHIRO」のユニホームを披露した。89年ドラフト1位でオリックス・ブレーブス（現オリックス・バファローズ）に入団。トレードマークの髪型から「パンチ佐藤」の愛称で注目を集めたが、登録名を変えた94年に現役を引退した。そのシーズン、一気に球界のトップへと駆け上がった当時無名の新人外野手がイチローだった。明暗を分けた先輩・パンチ佐藤が、スター前夜の後輩について語った。

イチローの走る姿を見て「モノが違う」

91年のドラフトで18歳の鈴木は投手として指名されたが、その非凡な打撃が評価され、右投げ、左打ちの外野手として登録された。外野の定位置争いに挑んでいたパンチ佐藤は「一瞬、嫌な予感が胸をよぎった」が、名門・亜細亜大、社会人野球の強豪・熊谷組、そして当時アマチュア選抜の全日本を経験した先輩として「5、6年で抜かれはしないだろう。まだ18歳の子供だし。こっちは米国、キューバの投手から打ってきた」と思い直した。

約3カ月後の春季キャンプ（沖縄県糸満市）で、不安の種を初めて直接目にした。

雨天で1、2軍合同練習が行われた際、イチローの姿を認めた。「あらら、細いね。これなら5、6年、いや7、8年は大丈夫だろう」。しかし、雨が止み、陸上競技場で走り出した姿に呆気にとられた。

「口がポカーンと開きました。モノが違う。僕らクラスになると、少年野球でもユニホームの着こなし、走る姿を見ればうまいかヘタかわかります。走るフォームがきれいなんです。そして今度はキャッチボール。最後まで球の勢いが衰えない。水切りの石がどこまでも終わらない感じ。技術的にはここで驚いた」

7、8年は安泰という予想はあっさり吹き飛んだ。プレーだけでなく、精神的にも大人の落ち着きを兼ね備えていた。

「普通の野球選手なら、洋服はブランド物や派手なスーツを着るでしょ。でもイチローは、派手なものではなく目立たないような服を着ていた。高価なものとは思えなかったけれど、きちんとクリーニングしていた。バッグはミズノ。浮かれてなかったな」

型にはまらない、ニュータイプの野球選手――。後輩の姿は新時代を予感させた。

イチロー改名の真相

2軍での成績は文句なし。鈴木は1年目の92年、打率・366でウエスタン・リーグの首位打者を獲得。同年途中から93年にかけて、2軍で46試合連続安打という驚異的な記録を打ち立てた。

そして94年の開幕直前、先の「パンチ&イチロー」会見に臨むことになる。新登録名「イチロー」誕生劇は、新井宏昌打撃コーチ(当時)による「思い切ってイチローにしちゃおう」という提案から始まった。

仰木彬監督には、ある思いがあった。オリックス、パ・リーグのみならず、球界を背負う選手になる。売り出したい。でも、鈴木一朗では目立たない。首脳陣によって進められた計画はイチローとともに、パンチも同時改名。「パンチとイチロー」はセットで売り出すことになっていた。

「(イチローは)当時、まだ実績のない無名の選手。そんな選手が1人で名前を変えてしまっては、ほかからのやっかみもあるだろうと。そこで『パンチがいたぞ』となって、僕が風よけ役になった。〝イチロー〟はカッコいいけれど、僕はこんなことしなくてもパンチって呼ばれているし、嫌ですと断りました」

しかし、首脳陣は諦めなかった。

「オープン戦の時にベンチで監督に呼ばれたんです。バットを持って代打の準備をしたら、いきなり『横に座れ』と言われて。座ると『あの話どうだ』って。そうしたら『イチローに聞いたらパンチさんがやるならやりますと言ってた』って言うんですよ」

イチローには「イチローがやるならパンチもやる」という逆の話が伝えられていた。こんなところにも仰木マジックが仕掛けられていた。

仰木監督が、フルイニング、フル出場を決めた瞬間

登録名を変えたイチローはその94年、初めて年間を通して1軍の試合に出場し、日本球界初の200安打超えとなる210安打で首位打者を獲得し、打者最年少の21歳でパ・リーグMVPに輝いた。ルーキーイヤーは40試合、2年目は43試合の出場にとどまっていた新人選手が、プロ3年目で一気に才能を開花させた。

対して、パンチは入団初年度の90年に42試合出場、133打数44安打、打率・331の成績を残したが、最初の年をピークに成績は上がらず、名前を変えた94年は23試合出場で6安打。この年を最後にユニホームを脱いだ。

同じタイミングで名前を変え、同じ野球選手としてまったく別の道を歩んだ後輩に「嫉妬するなんて、まったくなかった」という。

「名前を変えた頃の注目度は、知名度があった僕のほうがあったけれど、だんだん

イチローに移っていった。だけど、一緒に2軍に在籍した時もあって、プレーを見ていてもう抜かれていたと思っていたから、話題が逆転することはわかっていた。どこまでいくかわからない。どんな選手になるんだろうって、僕だけじゃなく、みんなが思っていた」

印象に残っている試合がある。94年6月22日のロッテ戦（千葉マリン）だ。名前を変えて2カ月。イチローはコンスタントにヒットを打ち続け、24試合連続安打がかかっていた。9回表、その日無安打のイチローに打席が回ってきた。

「相手は左投手。リードされていたから、ヒットがないイチローには代打かなと思ったら、仰木さんから『パンチ、行け』と言われた。でも、イチローの目を見た仰木監督は『パンチ、待て！』とそのままイチローを打席に立たせた。結果は打てなかったけどね。でもその時が、仰木さんがイチローにフルイニング、フル出場、全打席打たせようと決めた瞬間だったのかもしれない」

天才打者は、努力を怠らないという才能も持ち合わせていた。

「練習に対する姿勢はウサギだったね。ただし、昼寝しないウサギ。ウサギとカメでいえば、自分はカメタイプ。周りが昼寝している時にコツコツ練習してた。イチローは努力するウサギ。5、6年とか言っていたけど、3年、2年？　うん？　とか言っていたら、あっという間に抜かれましたね。誰もがこの選手は出てくると思ったし、これだけ練習したらみんなもヤバいと思ったはず」

イチローがイチローであるための「ルーティーン」は、当時からすでに確立されていた。ナイターが終わっても、1、2時間マシンでバッティング練習、その後にウエイトトレーニングをしていたという。

「あとで聞いた話だけど、人間は起きてから6時間後がいちばん力を発揮できることを彼が知っていたようで。昼の12時まで寝てるんですよ。でも、ナイターは夜の6時。だから、深夜の3時、4時に寝ても大丈夫だった。試合が終わった瞬間から、明日へ向けてのストップウオッチが押されていたんでしょうね。

福岡の中洲のアーケード街に宿舎があった時も、4安打ぐらい打った試合のあと、バスを降りてユニホームのままバットを振っていました」

新人時代から「頑固」で「マイペース」

周囲になにを言われても、振り子打法は入団当初から守り抜いた。天才を支えた頑固なまでの強い意志。片鱗は入団1年目から垣間見えていた。球場へ向かうバスに乗った時のことだ。

「年下のイチローが先に座ると、先輩に『そこは俺の席だ』と言われるし、先に座らないと『もたもたするな』と言われる。かわいそうでしたね。バスは1階が道具専用、2階に座席があって、階段でつながっていた。そうしたらイチローは、階段に座ってイヤホンで音楽を聴いていた。座れよと言っても、返事は変わらず『いいです、ここで』でしたね」

試合が終わってもイチローは一人、自分の野球用具を磨いていた。

「グラブやスパイクを磨いて、遅くまでロッカールームにいた。メジャーにはグラブやバットを磨く専門の人がいるけど、イチローは自分でやった。侍じゃないけど、日本刀を丁寧に手入れするみたいに見えたんじゃないかな。メジャーの人もそういう姿を見せつけられて、『イチロー、侍、ジャパン』ってなったよね。いつ刀を抜いてもキラッとしているような。そういう心でやっていたことが、ヒットを打つよりもすごいよね」

グラウンドの外でも、イチローのマイペースぶりは変わらなかったという。たとえば外食した時も、そうだった。

「2、3度、焼き肉に行きましたね。ちょうど名前が変わった頃に、浅草だったかな。先輩の僕たちが食べ終わって、銀座の次の店に行きたくてしょうがない状況で、イチローは『牛タンお願いします』って。1枚1枚焼くんですよ。その後もカルビ、ご飯って注文する。もう食べ終わっただろうと思いきや、シャーベットを注文しました（笑）」

天才打者がその役割に終止符を打った19年3月21日。前日から、7年ぶりとなるメジャーリーグの日本開幕戦、オークランド・アスレチックス―シアトル・マリナーズの2連戦が行われた。イチローは日本で7年ぶりに公式戦に出場した。

パンチはこの日、岩手県盛岡市で仕事。帰ろうとしたところ、緊急の仕事が入った。イチローが引退するかもしれない。盛岡から急いで帰京し、放送局内のテレビで試合を見守った。久しぶりにまじまじと後輩の打席を見た。

「違う」

頭の中にいたイチローとはかけ離れていた。

「本来、インコースはカミソリのように切り込むような打ち方。アウトコースはテニスプレーヤーのように打っていた。最後の試合は背中が丸まっていた。ボールが当たる時に、力が抜けているような感じだったね。

勝手な想像だけど、引退は決めていたと思う。イチローが死ぬための1年。開幕は日本。本人もここだなと決意をした1年間だったんじゃないかな。最後の試合が4打数4安打でも『ここまで』と言ったと思うよ。

涙はなかったよね。侍が切腹する時は泣かないじゃないですか。記者会見は、本当のイチロー、大人な対応をするイチロー、天才イチロー、3人のイチローがいたように感じたな。いま思えば、空港から来た時の顔が、覚悟を決めた顔だったようにも思えるね」

パンチは引退時、イチローから「ください」と言われて交換した「パンチとイチロー」のユニホームを妻の実家である中国・上海に保管しているという。野球とは別の道を元気に歩む先輩は、引退した後輩のこれからにも期待を寄せた。

「引退したいまだからこそ言えること、教えられること、子供たちに伝えられることはあるはず」

野球から離れることはないであろう後輩へ。パンチ流のエールを送る。

すごい野球人生。

カッコよかったぞ。

ゆっくり休めよ。

トレーニングするでしょうけど、もういいんじゃない？

unlimited

「野球選手、人間としても深い。僕が教えたのはアレの効果だけ」

〝猫の目打線〟不動の2番

大島公一

おおしま・こういち●1967年、東京都生まれ。法政大、日本生命を経て、92年にドラフト5位で近鉄に入団。95年オフにオリックスに移籍し、リーグ2連覇&日本一の中心選手として活躍。2005年、引退。ベストナイン2回、ゴールデングラブ賞3回。24年から法政大学野球部監督。

取材・文●鈴木長月

「最初はいわゆる〝イマドキの若者〟だな、若いなって感じで見てましたね。服装もダボッとしたストリート系で、当時の球界に多かったダブルのスーツにセカンドバッグみたいなスタイルとも一線を画してて（笑）。でもそれは、外から見える彼のごく一部でしかなくってね。いざチームメートになってみたら、野球選手としても人間としても、すごく深い。想像のはるか上をいくたいしたヤツでしたよ、イチローは」

1995年のシーズンオフ。大島公一は、3年間在籍した近鉄バファローズからオリックスブルーウェーブへとトレードで移籍。過去2シーズン、〝敵〟としてつぶさに見てきた稀代のヒットメーカーと期せずして同僚となることになった。

「敵としてのイチローは、初球からどんどん振ってくるし、ボテボテの当たりでも内野安打にしてしまう、とにかく厄介な相手でした。平凡なファーストゴロだと思っても、ピッチャーとの競争になったら、まず間違いなく彼が勝つ。だから自分がセカンドを守るときは、ファーストだった石井浩郎さんにも『少しでもこっち寄りに来た打球は全部僕が捕ります』と言ってたぐらいでしたしね。要は、石井さんが自分でベースを踏めるとき以外は、ベタつきでいてください、と。それぐらいしないとアウトにできない感じはすでにありましたし、とくに示し合わせたわけではないにせよ、当時の内野陣には『できるだけ前で（捕る）』って意識は共通してあったような気がします」

そんなイチローが〝味方〟になる――。だが当の大島にとっては、いよいよ来季こそはレギュラー獲りと意気込んでいた矢先の出来事。突然降って湧いた同一リーグのライバル球団へのトレード話にはさすがに困惑、落胆もしたという。

「そりゃまぁ、大学、社会人出の即戦力が3年で出されるなんてことは、よほどのことがないかぎり、ないですからね（苦笑）。聞いた話だと、仰木（彬）さんも最初は別の選手を欲しがってたみたいでね。で、オフの東西対抗（パ・リーグオールスター東西対抗。２００６年まで開催）の時に、当時の佐々木（恭介）監督に内々で打診したら、『それはできない。でも大島ならいいよ』となって、そこで即決したみたい。もちろん気持ちは複雑でしたけど、こればっかりは僕らにはどうしようもないからね。

ただ、入団会見の時に用意されていた背番号『36』を、『イチローの次を打つのはお前だから』と、直々に『52』に変えてくれたのは意気に感じましたね。ちょうど入れ違いで近鉄時代の仰木さんを知らなかった僕にとっては、それが初めての〝仰木マジック〟でもあったんで（笑）。ちなみに、仰木さんの携帯番号は下4ケタが『５１５２』だったんです。仰木さんの葬儀で『そのことをうれしそうに話していた』と奥さんからうかがった時は、胸がジーンとなりました」

キャンプ初日からフルスイング

「ブルーウェーブに来て初めてのキャンプでまず驚かされたのが、あのイチローが初日からフルスイングしていたこと。2年続けて圧倒的な成績を残したヤツのそんな姿を見せられたら、そりゃ誰も手は抜けませんよね。彼自身は自分から率先してリーダーシップを取るようなタイプじゃないし、それぞれにほどよい距離感もあるんだけど、彼という存在を中心に、チームがうまくまとまってる。なので、すごく成熟した大人のチームだなっていう印象は入った時からありました。もちろん、前年に果たせなかった地元神戸での日本一っていう明確な目標があったのも大きかったとは思いますけどね」

そして迎えた、移籍初年度の96年シーズン。大島は、ベテラン福良淳一とのポジション争いに勝って、セカンドの開幕スタメンを奪取。後半戦からはリードオフマン田口壮とイチローとをつなぐ2番打者として確固たる地位を築くことになっていった。

「1番にイチローがいれば、ピッチャーがすでにダメージを受けている状態で打席に立てますし、3番なら、その前の打者にフォアボールを出したくはないからストライクを投げてくる確率も当然上がる。彼がどちらの打順にいても、僕にとってはメリットしかなかったですよ。

ただ、求められる役割を忠実に実行するというのは意外と大変で、ベンチからのサインがバントとヒットエンドランで1球ごとにコロコロ変わったりすると、『どっちだよ!』って気持ちにもやっぱりなる。だから、契約更改の時に直談判したこともありましたね。『ヒット何本分かは損してる』って。金額まではわからないけど、たしか〝指示実行〟みたいな項目でプラス査定になっていたんじゃないかな」

最も重要なミッションは、打線の中心たるイチローをできるだけ多く打席に立たせること。それに大島がどれだけ貢献していたかは、歴代15位となる265本の通算犠打、キャリアを通じてわずか35本という併殺打の少なさからも容易にうかがえる。

田口が出塁し、大島がつなぎ、イチロー、(トロイ・)ニールで確実に得点を生む。それこそが、代名詞の〝猫の目打線〟にあっても「1番から4番は不動」とさえ言わしめた全盛期ブルーウェーブを支えた〝仰木マジック〟のキモでもあったのだ。

「いまにして思えば、ベンチからサインが頻繁に出ていたのは、田口、僕、イチローの3人が揃って早打ちだったせいもあると思うんですよね。なにしろ、各種のデータをとりわけ重視する仰木さんからしたら、その日の相手ピッチャーの調子や傾向は、試合の序盤で是が非でも摑んでおきたい情報でもあったはず。そこでもし僕らを野放しにしたら、ヘタすると3球でイニングが終わってしまう可能性もありましたからね（笑）。僕のところで『待て』のサインがよく出ていたのは、ピッチャーにできるだけ球数を放らせて観察するっていう側面もおそらくあったんじゃないかな、と」

ちなみに、当時のイチローがやっていたファンサービスといえば、守備練習中の背面キャッチや、攻守交代時の外野スタンドへのボールの投げ入れを思い出す人も多いだろう。その時の舞台裏を振り返って、大島はこうも言う。

「こっちは内野に返球されてくるものとばかり思ってるから、無意識に彼のほうを向いて構えてたら、ひょいっと外野スタンドに投げ入れてしまうわけ。なので最初は、捕球体勢のまま僕だけ取り残されて、『えっ⁉』ってなった記憶がありますね（笑）。いまではどこの球場でも普通にやってますけど、おそらくあれもイチローが先駆けだったんじゃないかな。実際、彼がやるとスマートでカッコよかったですからね」

知られざる素顔は意外と気さく

ところで、00年までの5年間をともにプレーした元同僚から見たイチローとは、いったいどんな選手だったのか。知られざるロッカールームでの素顔について、大島は「なにをしゃべったかはあんまり覚えてない」としつつも、次のように証言する。

「ロッカーがずっと隣だったから、たわいもない雑談はよくしましたけど、野球の話をした記憶はいっさいないですね。唐突に『結婚ってどうですか？』って聞かれて、僕が適当に返したら、『そうじゃないんですよー』ってやたら不満そうにしたのは妙に鮮明に覚えてますけど、ホントそれぐらい。

当時のチームは、ミーティングを改まってすることもほとんどなかったし、試合前にすることといったら、ロッカーに置いてある数台のモニターで対戦チームの試合映像をチェックするぐらいでね。両耳にイヤホンをしながら、それを見ている彼の姿はよく見ましたよ。仲間うちじゃ、『あれ、実は音楽流れてないんじゃないか』なんて噂もありましたけどね（笑）」

その頃のブルーウェーブは、当時の球界としては珍しく、遠征時の選手の移動は原則自由。だが、選手同士が何人かで連れだって動くことはあっても、どこへ行ってもすぐに人垣ができてしまうイチローがその輪の中に入ることはまずなかった。

「それはおそらく僕らに迷惑をかけまいとする彼なりの配慮でね。〝野球選手としての自分〟っていうイメージをすごく真剣に考えてたヤツだから、テレビでやってた歌合戦（『オールスタープロ野球12球団対抗歌合戦』フジテレビ系。95年まで放送）とか運動会（『プロ野球オールスタースポーツフェスティバル』日本テレビ系。14年より改称）みたいなオフのバラエティ番組にはいっさい出ようとしなかったけど、普段は気さくなヤツでしたよ。僕自身は、先輩風を吹かせて後輩を連れ回すようなことはしたくないタイプだから、自分から誘うことはなかったけど、チーム内での食事会みたいな席にはだいたい普通に出てましたし、カラオケに行けば、お気に入りの広瀬香美だかＭＩＳＩＡだかの曲を熱唱したりもしてたしね（笑）。とにもかくにも何事にも全力を出す。それがイチローという男でしたよね」

「ユンケル」の効果を〝伝授〟

00年シーズン。イチローは、8月27日の試合で脇腹を痛めて途中交代。結果的にはそれを〝見納め〟として、メジャーリーグ移籍を正式に表明した。

「故障してからも一人黙々とトレーニングを続ける姿は見ていたので、向こうに行くと聞いた時は、驚いた半面、『なるほど、あれはそのための準備でもあったのか』と腑に落ちた部分もありましたね。あそこまでの選手ともなれば、『これぐらいでいいだろう』と思っても不思議ではないのに、そこで探求をやめずに、常に進化をし続けるのが彼という人間。そういう姿勢は僕にとってもすごく刺激になりましたし、彼とプレーしたあの頃の経験はとてつもなく大きな財産だと思っています。

僕が先輩として彼に伝えたことは……近鉄時代にチーム内で流行っていた『ユンケ

ル ファンティー』が効くってことぐらい（笑）。まぁそれもずっと自前だった僕をよそに、いつのまにか彼のもとにはジュラルミンケースに満載のブツがスポンサーさんから届くようになってましたけどね」

05年オフにひと足先に引退した大島は、奇しくも古巣同士が合併した新生オリックス球団で長くコーチを務め、現在（19年）も野球解説者、指導者として精力的に活動する。講演などで招かれた先で流す〝挨拶代わり〟のＶＴＲは、もちろんあの歓喜の瞬間だ。

「リーグ連覇を地元で決めた96年9月23日のファイターズ戦。みなさんの記憶にはイチローが打った2ベースしか残ってないと思いますけど、あの時、サヨナラのホームを踏んだのは僕なんです。だからまぁ、使う権利は僕にもあるかなって（笑）」

どれだけ突出した選手がいても、一人ではできないのが野球というスポーツの魅力。大島公一のような〝いぶし銀〟のシブい活躍が、スーパースターによりいっそうの輝きを与えていたことは、むろん言うまでもない――。

「200安打を達成したその日の夜、バッティング練習をしていたんです」

オリックスの「デカ」先輩

高橋 智

たかはし・さとし●1967年、神奈川県生まれ。向上高から84年のドラフト4位で阪急ブレーブスに投手として入団。野手転向後は92年にベストナイン受賞。95年にはオリックス日本一にも貢献した。99年、ヤクルトに移籍。2002年に現役引退。身長194センチ、体重100キロの体格で和製大砲として活躍した。NPBプロ15年間の通算成績は945試合出場で打率・265、124本塁打、408打点。

取材・文●斎藤寿子

待ち合わせ場所に作業着姿で現れた男は開口一番、遠慮がちに切り出した。「本当に僕なんかでいいんですか？　とくに、彼とそんなに親しかったわけじゃないっすよ」。風貌はいかついが、照れたような表情から優しさがにじみ出ている。

イチローのオリックス時代の先輩、身長194センチの愛称「デカ」こと、高橋智。現在（2019年）はエレベーターの点検・整備会社に勤務している。気さくである一方で、人に媚を売らずに生きてきた。そんな先輩はイチローにとって、きっと数少ない〝ブレない〟存在なのだろう。

「先輩と後輩」。ただそれだけの関係性が緩やかに続いている。いまも昔も変わらない縁は、世界のスーパースターには貴重なのかもしれない。

勝手に部屋の電気を全部消すイチロー

和製大砲として活躍した高橋は、神奈川・向上《こうじょう》高校から1984年、ドラフト4位で阪急（現オリックス・バファローズ）に入団した。ブレークを果たしたシーズンは91年。26試合出場にとどまった前年から一躍、123試合に出場して23本塁打をマークした。プロ7年目で才能が花開いた同年シーズン後の11月、ドラフト会議では愛工大名電の「鈴木一朗」が4位指名を受けた。

春季キャンプでは、プロ1年目のイチローと宿舎で同部屋となった。当時の第一印象は「普通の高校生」にすぎなかった。

「1年目から1軍に帯同しているんですから、それなりのものを持っている選手なんだろうなとは思いましたけれど、特別になにかすごいという感じはなかったですよ。というよりも、僕が自分のことで精いっぱいでしたから、後輩のことなんか気にする余裕はありませんでした」

自分がされて嫌なことは、他人にしない。だから、イチローに対しても「あれやれ、これやれ」と先輩風を吹かせることはしなかった。

「それがイチローにとってはよかったのかな？　若手から評判の悪い先輩選手もいたみたいですけど、イチローが僕に対して悪く言っているようなことは聞かなかったですね」

そんな先輩だったからこそ、〝素〟を見せることができたのだろう。イチローはマイペースぶりで、「デカさん」を驚かせたこともあった。

「夜、イチローは居残り練習を終えて宿舎の部屋に戻ると、疲れてそのまますぐに寝るんです。で、『僕、寝ます』って言って、先輩の僕がまだテレビを観ているのに、勝手に電気を全部消すんですよ。『おい、なんで消すんだよ！　俺がテレビ観てるだろう？』って言うと、『だって僕、眠いんですもん』って言って、本当にそのまま寝ちゃうんです（笑）。もう、びっくりしましたよ。そんなことが何回かありましたね」

心のどこかで異次元の存在だと思っていた

イチローが入団した92年、高橋は選手として絶頂期を迎えた。127試合に出場して打率・297、29本塁打、78打点。いずれも自己最高の数字を残した。5月27日の日本ハム戦（東京ドーム）では3打席連続本塁打を放つなど本塁打王争いに名を連ね、ベストナインを受賞した。外国人助っ人選手のようなパワフルな打撃が売りだった。

一方、プロ1年目のイチローはウエスタン・リーグの首位打者に輝いたが、1軍定着には至らなかった。翌93年は開幕スタメン入りを果たしたものの、1軍出場は43試合にとどまった。それでもウエスタン・リーグでは打率・371をマークし、「鈴木一朗」は将来有望な若手として期待されていた。

登録名を「イチロー」へ変更した94年は、1軍に定着して安打を量産した。9月20日ロッテ戦（神戸）で、日本プロ野球史上初のシーズン200安打を達成。首位打者、MVP獲得。まるでスーパーカーのように、あっという間にスターへの階段を駆け上がっていった。

後輩の周りに人が群がるようになった。高橋はその中に入らず、ひょうひょうと自分の世界をつくっていた。イチローのバットを触ったことさえ一度もなかった。

その理由は「興味なかったですもん」と明快だった。

「イチローが活躍して人気者になると、チームの中にはイチローを連れ回したり、色紙を持っていってサインをお願いしたりする選手も少なくなかったですよ。でも、僕は絶対にしなかった。嫌なんですよ、そういうの。イチローにも迷惑をかけますしね。もちろん、すごさは素直に認めていたし、妬んでいたわけでもありません。まあ、タイプが全然違うということもありましたし、心のどこかで異次元の存在だと思っていたのかもしれませんね。だから全然、気にしていなかった。イチローがどうというよりも、とにかく自分のことに集中していました」

自分を特別扱いしない先輩の態度が、スター選手になった後輩には楽だったのだろう。球場からホテルへのバス移動の際、いつも最後部座席に一人座って音楽を聴く高橋のすぐ近くに、あとから乗ってきたイチローが座ることも少なくなかった。

「僕の実家に遊びに行ってくださいよ」

イチローがブレークした94年、高橋は相次ぐケガに泣き、規定打席数に到達できなかった。「安打製造機」の異名をほしいままにし、一躍〝時の人〟となっていったイチローと入れ替わるように、高橋の成績は下降線をたどった。

99年にヤクルトへ移籍し、02年には台湾に活路を求めたが、シーズン途中で引退。16年間の現役生活を終えた。イチローとチームメートだった7年間のうち、100試合以上出場したのは2シーズンのみ。一緒にプレーした試合は多くはなかった。それでも、イチローは高橋の姿を見かけるたびに、律儀に挨拶をしに来たという。

それは高橋が現役を引退してからも変わらなかった。

04年12月に仰木彬元監督の野球殿堂入りを祝うパーティーが大阪市内のホテルで行われた時もそうだった。イチローはメジャーリーグのシーズン最多安打記録となる262安打をマークし、米国でも歴史に残る偉大な選手として名を馳せた時期だった。

「イチローもアメリカから帰国して、パーティーに出席していたんです。その時の取り巻きの多さはすごかったですよ。僕はそういうのが大嫌いなので、イチローとは離れていました」

パーティーの途中、司会のアナウンサーに促されるようにして、現役選手、OBたちがステージに上がり、仰木元監督を胴上げした。マイクを順番に回し、一人ひとりがお祝いのメッセージを述べた。一連の式次第が終わり、ステージから降りようとした時、遠くのほうから「デカさん！」と呼び止める声が聞こえた。イチローだった。

「わざわざ僕のところに寄って来てくれて、『元気ですか？　名古屋に住んでいるんですよね？　ぜひ、僕の実家に遊びに行ってくださいよ』と言ってくれたんです。僕は『やだよ、そんなん、よう行かんわ』と答えました（笑）。『とにかく体に気をつけて、アメリカで頑張れよ』と言ったら、イチローは『はい、わかりました』と。周りには、いまかいまかと待っている取り巻きたちが大勢いたので、それだけ言って、僕は帰りました」

眉間にしわを寄せながら、懐かしい思い出を振り返る。照れを隠そうとしているのだろう。高橋にとって、イチローはやはり〝かわいい後輩〟なのだ。

「草野球を極めたい」って、ありえる話だなと

「天才」よりも「努力家」のイメージが強いという。

「よくイチローは天才だ、って言われるじゃないですか。もちろん、才能があったことは確かです。でもね、彼はものすごく努力をしていた。だから、あそこまでの選手になったと思うんです。あんな努力は普通できないですよ。それだけ野球が好きなんだろうなと。そして、そこがまたイチローの才能なんでしょうね」

いまでも鮮明に記憶に残っている。イチローが200安打を記録した94年9月20日当日のことだ。

ナイターを終えた高橋は外食に出かけ、門限の時間をとっくに過ぎた真夜中に選手寮へ帰った。聞こえてきたのは、リズムよく繰り返される乾いた打球音だった。

「『こんな夜中に誰だろう?』と思って室内練習場をのぞいたら、イチローが一人、バッティング練習をしていたんです。200安打を打ったその日の夜ですよ。信じられませんでした。『ああ、なるほどな。だからイチローはすごいのか』と思いましたね」

ケージの中は、少なくとも300球はあるのではないかというほど無数の白球で埋め尽くされていた。真っ暗な室内練習場の中で、長方形のケージにだけ照明が当たり、打球が白線のように浮かび上がっていた。その光景を高橋はいまも忘れることができない。

19年3月21日、イチローはアスレチックスとの開幕第2戦(東京ドーム)を最後に現役引退を表明し、試合後には84分にも及ぶ異例の会見を行った。高橋はこの会見をテレビで観ていたが、寂しい気持ちにはならなかった。

「本当に野球が大好きなヤツなんですよ。まるで〝野球少年〟のまんま。それがイチローだと思うんです。だから、プロの世界ではもうやらないかもしれないけれど、この先もずっと野球をやっていくと思うんですよね。会見でも『草野球を極めたい』って言ってたでしょ? 僕はありえる話だなと。とにかく、この先もイチローにはやりたいことがあるだろうし、絶対になにかやってくれると思うんですよね。そういう意味では生涯現役。だから引退して寂しいというよりも、今度はなにをやってくれるんだろうという楽しみのほうが大きいです」

2時間ほどのインタビュー後、喫茶店から駅までの車中。高橋は思い出し笑いをしていた。

「イチローには特別に寮で2部屋あてがわれていたんです。そのひとつは〝ジョーダン部屋〟と呼ばれていました。彼、マイケル・ジョーダンの大ファンでしょ？　だからエア・ジョーダンのスニーカーを何足も持っていたんです。しかも、同じ種類を3足も購入するんですよ。ひとつは自分が履く用。もうひとつは飾る用。そして保存用は箱にしまってありました。ほんと、子供ですよね（笑）」

アラフィフとなったいまもなお、高橋の目に映るイチローは〝少年〟のまま。後輩の人生における次の幕が開く日を、「デカ先輩」はひそかに楽しみにしている。

第3章

WBCの栄冠と苦悩

「プレー以外でもイチローさんは自分の見せ方を知っているんです」

第2回WBCの盟友

内川聖一

うちかわ・せいいち●1982年、大分県生まれ。2000年のドラフト1位で横浜ベイスターズに入団。08年、首位打者、最多安打、最高出塁率のタイトルを獲得。09年の第2回WBCの日本代表に選出され、打率・333を残し日本の優勝に貢献。福岡ソフトバンクホークスに移籍した11年、史上2人目のセ・パ両リーグでの首位打者に。14年には7年連続打率3割の成績を残す。18年5月、2000本安打を達成。現在も右打者シーズン最高打率記録保持者(・378)。

取材・文●平尾類(IMPRESSION)

イチローが引退発表した2019年3月21日。ソフトバンクの内川聖一は自宅のテレビで記者会見を見つめていた。

「あの日はオープン戦で、楽天戦（ヤフオクドーム、現・みずほPayPayドーム福岡）の試合後でした。記者から『（イチローが）記者会見を開くらしい』と聞いて。このタイミングで会見だから引退を発表するのかなと思いつつも、もしかしたら『これからも（現役で）やります』と発表してくれるんじゃないかなと期待する自分もいました。イチローさんの口から引退という言葉が出た時は、心にドーンと来ましたよ。やっぱりそうなのかと……重いものがのしかかった気持ちになりました」

「ウッチー、去年の打率は?」

内川がイチローと初対面したのは10年前の09年2月。第2回のWBC前に宮崎で行われた侍ジャパンの合宿だった。

「やっぱりイメージがあるじゃないですか。すごい人なのでちょっと近寄りがたいみたいな。最初はお話しできるとも思わなかった。それが走塁練習中に二塁付近で、『ウッチー、去年の打率は?』って聞かれて。ウッチーって呼んでもらったことにびっくりしました。『打率は3割7分8厘でした』って答えたら、『うわー、やっちゃったなぁ』って言ってくれて。一瞬で引き込まれましたね。お笑い芸人とかテレビのバラエティ番組の話をしたり、イメージと全然違って気さくな優しい方でした。

イチローさんは自分の魅せ方を知っているんです。プレー以外も仕草とか振る舞いでお客さんの目を釘づけにする。合宿中はウォーミングアップの時に外野に集まるじゃないですか。みんなぞろぞろ歩いて話したりしているなかで、イチローさんは最後に登場して颯爽と走ってやってくる。そこで観客から『うわぁ！』ってどよめきが起きる。あの光景は鳥肌が立ちましたね」

練習からイチローの技術に驚かされた。打撃論も交わした。それは内川の野球人生の大きな財産になった。

「いちばん驚いたのはフリー打撃でこんなにホームラン打つんだって。イチローさんから見れば当たり前って思うかもしれないけど、ほとんどミスショットせずスタンドに飛ばしていました。いちばん飛ばしていて、柵越えの数も多かった。

打撃の技術的な話もしました。打席でのアプローチの仕方が右打者と左打者は違うんだなと勉強になりました。イチローさんは基本的に内角に目付をしているんですよね。外角は自分で距離が調整できるからって。横浜で先輩だった左打者の鈴木尚典さんもイチローさんと同じことを話していたのですが、右打者は実践するのがなかなか難しい。内角に目付すると外角が遠くなって距離が取れなくなるんです。練習や試合で試したけれど、うまくいきませんでした。ただ、そういう話ができたことや、実際に試せたことが貴重でした。

技術以外でも見習うべき点がたくさんありました。自分のパフォーマンスを最大限発揮するための準備ですね。初動負荷トレーニングなどイチローさんが取り入れていたトレーニングを自分もやりました。イチローさんがやっているんだから間違いないだろうと。僕はこの人に教えてもらいたいと思ったら、とことんついていくタイプなんです。横浜時代は石井琢朗さんと自主トレを毎年やらせてもらって、仁志敏久さんには野球についていろいろ教えてもらいました」

WBC本大会で内川は打率・333と活躍。イチローは打撃不振で苦しんだが、決勝の韓国戦（3月23日）で劇的な瞬間が待っていた。同点の延長10回表、無死から日本は内川が右前打で出塁し、イチローが決勝の中前適時打。三塁走者の内川が本塁生還した。WBC連覇を飾り、2人は熱い抱擁を交わした。

「イチローさんが結果の出ていない時は、苦しそう、つらそうに見えました。僕らには計り知れない重圧があったと思います。野球をやっていて胃に穴が開くほど追い込まれることはありません。あの時は僕も26歳で若かったし、日本代表にはメジャーリーガーの先輩たちがたくさんいて、ついていけばよかった。

あれから僕も年齢を重ねて、イチローさんのすごみを改めて感じます。決勝の韓国戦は三塁からイチローさんのスイングが見えたのですが、空振りしないのがすごいなと。そこも当たるんだって。（立体的に見て）前後のバットに当てるインパクトの幅が広いからバットに当てられる。イチローさんなら最後に打ってくれると信じていました。そこはファンのみなさんと同じ気持ちでした」

どん底の内川を救ったイチローの言葉

大分県で生まれ育った内川が小学6年生の94年。当時20歳だった鈴木一朗は登録名を「イチロー」に変更。プロ野球史上初のシーズン200安打の偉業を達成し、首位打者、最高出塁率、野手として日本プロ野球史上最年少のシーズンMVPを獲得した。

「僕が子供の頃からイチローさんはプロで活躍されています。とにかくスーパースターというイメージでした。打つこと、走ること、守ることすべて一番ですから。

僕の時代はイチローさん、松井秀喜さんに憧れて右打者から左打者になる子供が多かった。僕も実は中学の時に左打者になろうかなと思いました。右打者のままでよかったと思うけど、左に変わっていたらどうなっていたんだろうと想像することもあります。それほど影響力のある選手でした。

オリックス時代のイチローさんの試合を生で観戦したことはありませんが、高校野球の監督をしていた父（一寛さん）がオリックスの関係者と知り合いだったので、僕が中学生の時にイチローさんのサインボールをもらってくれました。『聖一様へ』って書いてあって本当にうれしかった。いまでも大事な宝物で、大分の実家に飾っています」

内川は08年に右打者最高打率・378をマークして首位打者を獲得。ソフトバンクに移籍後も11年に打率・338と史上2人目となる両リーグでの首位打者に輝いた。7年連続打率3割をマークし、18年はプロ通算2000安打を達成するなど球史に残る安打製造機として活躍している。そんな内川でもイチローは異次元の選手だという。

「イチローさんのすごさは結果を残し続けること。僕なんか比べものになりません。自分が結果を出す前より、出したあとにより感じさせられました。イチローさんは日本だけでなく、メジャーでも結果を残し続けている。海外の環境でいろいろと苦労があるなかで成績を残すのだから、日本でプレーすることとは違う意味で想像を超えたものがあります」

内川は13年に開催された第3回WBCにも出場。だが、大きな試練を味わった。準決勝・プエルトリコ戦で2点を追う8回1死一、二塁。一塁走者だった内川は重盗を試みたが、二塁走者・井端弘和の帰塁に気づかずに走塁死した。試合後は敗戦の責任を背負い込み、精神的に大きなダメージを受けた。どん底の内川を救ったのがイチローだった。

「あの大会は僕が30歳と選手のなかで年齢が上のほうになり、若手もたくさんいました。僕はイチローさんみたいなカリスマ性はないし、自分の仕事に徹してチームに貢献しようと。それが準決勝で僕の走塁死で終わってしまいました。

WBC3連覇が消えてしまいましたし、責任は重く感じました。いろいろな評論家の方にも叩かれたし、多くのバッシングも受けた。落ち込みましたよ。でも、日本に帰国した時にイチローさんの『あそこで、（内川が）あのスタートができるすごいこと。だいたい（スタートを切らず）止まることを選択する。自分にあれができたかというと、その自信はなかなかない』というコメントを新聞で見て救われました。

正直、あの場所でプレーした人にしかわからない気持ちがあるんです。あの場面は、捕手が強肩の（ヤディアー・）モリーナで、僕は同点の走者でサインが出ていた。もちろんアウトになってはいけない場面です。ただ、あの時の僕の気持ちをわかってくれる人がいたことがうれしかった。イチローさんの言葉がなければ、立ち直れたかわからないし、いまも野球を続けていたかわかりません。本当に気持ちが救われました」

自分のためではなく、喜んでくれる人のために

内川は今年（19年）でプロ19年目の36歳。ベテランの域に入り、野球に取り組む姿勢が若手の時から変化した。その背景にはイチローの言葉があったという。

「イチローさんの言葉でとくに響いたのは、『（16年8月7日のロッキーズ戦でメジャー通算3000安打を打った際に）3000という数字よりも、僕がなにかをすることで僕以外の人たちが喜んでくれることが、なにより大事であるかを改めて認識した瞬間でした』と話していたことですね。

僕も若い時は自分が結果を残したい気持ちでプレーしていましたが、いまはみんなの喜ぶ顔が見たいという思いが強い。チームメートと喜びを分かち合いたいし、優勝すれば裏方さんの努力も報われる。優勝旅行になれば裏方さんの家族も喜んでくれる。結果を出すことで喜んでくれる人がどんどん増えることがうれしいんです。

でも、結果を出す難しさは年々感じています。昔はこれだけの練習をすれば打てるという感覚で打席に入っていましたが、いまはいい経験だけでなく、悪い経験もして、いろいろな引き出しが増えた。そのなかでどう対応していくかが大事になる。野球は難しいですね」

17、18年は度重なる故障で100試合以下の出場にとどまるなど悔しいシーズンになった。45歳までプレーしたイチローの偉大さを感じるとともに、自身の引き際

についても触れた。

「年齢を重ねるとどうしても体力的に落ちる部分が出てくるのですが、イチローさんは年齢を重ねても身体能力のパフォーマンスが最後まで落ちなかった。40歳を超えて打ってから一塁までのタイムが上がったという報道を見ましたが、普通は考えられないですよ。

僕は全力で駆け抜ける感覚で野球人生を送ってきました。やり残したことはなく、いつやめても後悔することはないというのが正直な気持ちです。イチローさんは45歳までプレーしましたが、僕はそこを目指す意識はないです。ある時に気持ちがパーンとはじけちゃうかもしれない。でも、そうならないように結果を出し続けたいという思いはあります」

イチローと一緒にグラウンドでプレーした期間は第2回WBCのみ。内川にとってこの35日間は濃密で大切な時間だった。最後にある秘話を明かしてくれた。

「イチローさんと一緒に同じグラウンドでプレーした時間は短かったかもしれません。でも、貴重な時間になりましたし、いまも人生の大きな財産になっています。実はイチローさんに『神戸で一緒に自主トレをやろう』って何度か誘ってもらっていたんです。でも、スケジュールが合わなくて結局実現できませんでした。『自主トレを1回でも一緒にやればよかったのに』と周りには残念がられます。僕もいまとなってはもったいなかったなと思う一方で、やっぱり一緒に自主トレするなんておこがましい、憧れのままでよかったんじゃないかな、という思いもあります。だって、僕にとってイチローさんはいつまでも特別なスーパースターですから」

Japan

Japan
89
51
Asahi
SOFT DRINKS

「〝よっしゃ！ やれるぞ〟という雰囲気にしてくれたイチローの言葉」

第1回WBCの4番として世界一に貢献

松中信彦

まつなか・のぶひこ●1973年、熊本県生まれ。八代第一高（現・秀岳館高）、新日本製鐵君津（現・日本製鉄かずさマジック）を経て、96年のドラフト2位で福岡ダイエーホークス（現・福岡ソフトバンクホークス）に入団。平成唯一の三冠王（2004年）。史上初の3年連続120打点（03〜05年）。06年の第1回WBCでは王貞治監督率いる日本代表の4番として打率・433を記録し、世界一に貢献。プロ通算352本塁打。野球解説者を経て、25年から中日ドラゴンズの打撃統括コーチに就任。

取材・文●酒井敏朗

松中信彦は、平成唯一にして最後の三冠王（2004年）であり、3年連続120打点以上は令和となった現在でも日本プロ野球記録。01年にイチローが海を渡ってからは、パ・リーグ打撃部門の牽引者の一人であった。この、もう一人の〝打撃の職人〟松中は、同い年のイチローについてどのように感じていたのか。

「イチローくんは僕がプロに入る前から、もうすでにスーパースターだったんですよ。僕の入団は1997年でしたから、彼はもう年間最多安打を打っていた（94年）。初めて話をしたのは、僕がレギュラーを取って、結果を残せてからで、対戦相手として球場で会ったんですね。その時、向こうはもうスーパースターで、恐れ多くてこちらから挨拶なんかも行けないくらいでした（笑）。だから、その頃は特別仲が良かったり、悪かったりしたわけでもないんです。ホークスの選手だと、ムネ（川﨑宗則）のほうが当時から仲良かったですね」

スーパースターとはいえ、松中にとってみれば対戦チームの選手。それでも試合前の練習や試合中のプレーを見て、イチローは特別な選手だと感じたという。

「当時、僕はファーストを守っていたんですが、とにかく彼は打球が速かった。あとスイングを見て思ったのは、バットの使い方がうまいなという印象です。バットのヘッドを利かして打つのが巧みで、あの細い体で軽々とホームランを打っていた。とくに練習の時にはフリーバッティングで、ほとんどスタンドインでしたからね。

あれはすごいなって思って見ていました。フリーバッティングでは、狙ってホームランを打っていたと思います。練習とはいえ、そんなことのできる選手はそうそういません。

まあ、フリーバッティングの時は全部引っ張って打っていましたからね。あらゆる種類のボールに対応できていたと思います。そうじゃないとあそこまでの打率は残せません」

イチローのバッティングの代名詞といえば「振り子打法」だが、あの独特の打法を、自身も卓越した打撃技術を誇る松中ならどう評するのか。

「『振り子打法』は誰にも真似できないですよ。あの打法は体重移動がとても難しいんです。軸足じゃなくて、ステップする方の足で打つわけです。いまはわりとそういうやり方をする選手も増えてきましたけど、当時は珍しかったです。だからイチローくんもチーム内でなかなか認められなくて、1軍に呼ばれなかったんですが、仰木（彬）監督になってやっと認められたというところじゃないでしょうか。

守備に関しては、イチローくんは足が速くて、守備範囲も広いし、捕球もうまかったですけど、とにかくイチローくんの守備の見せ場は肩ですよ。あの『レーザービーム』はすごい。さすがに元ピッチャーだけあって、球は速いし、なによりコントロールが素晴らしかった」

また、イチローの見せ場は試合のなかだけではなかったと松中は言う。

「イチローくんの練習を見ていると、すげーと思うことがよくありました。彼がシートノックを受けている時でさえ勉強になりましたし、球場に来ているファンも、練習中の彼の動き方ひとつでウオーって盛り上がりますからね」

ちなみにあの背面キャッチは、昔からやっていたという。

「あんなことは普通の選手はできませんよ。無理です、頭に当てちゃいますよ（笑）」

チームを奮い立たせたイチローの言葉とプレー

松中は06年の第1回WBCで、イチローとともに日本代表に選ばれた。そこでのイチローの存在感はいかばかりだったのか。

「WBCの時に初めて普通の会話を交わすようになりました。対戦相手にメジャーリーガーが多かったので、『この投手の癖は』とか『なにを投げる』とか『配球は』とかをずいぶん教えてもらいました。彼がたくさん情報を持っていたので非常にみんな参考になりましたよね。だから試合中のほうがよく話しましたね。

彼はたいていのメジャーのピッチャーの癖や、得意球、配球などを頭に叩き込んでいた。だからあれだけ打てるんですよ。僕らはイチローくんに情報をもらって、あとはいかに打つかということでしたからね。スライダーが得意な投手だったら、決め球に来るだろうとか、3球に1球は来るだろうとか、その辺を参考にしながらバッターボックスに立っていたんです」

イチローの存在感は2次リーグが行われる米国に渡ってからますます大きくなっていた。たとえ相手がメジャーのオールスター軍団でも、日本チームの萎縮する気持ちをイチローは払拭してくれたという。

「ミーティングでみんなの前で、イチローくんが『日本のほうがしっかりした野球をしているんだ』とか、よく言ってくれていました。それを言葉だけでなく、プレーで表現してくれたのが、2次リーグのアメリカ戦（3月12日）での先頭打者ホームランでした」

このイチローの1発で、固かった日本チームの雰囲気はほぐれ、モチベーションも高まったという。

「あのホームランには僕たちは勇気づけられましたね。向こうはバリバリの現役メジャーリーガーのオールスター軍団で、みんなは『テレビで観ていたようなスター選手もいるよ』という感じだったんで、気持ち的に押されていたんです。そういう部分をイチローくんが『いや、そうじゃない。日本のほうが絶対にいい野球している んだ』ってことを体現して振り払ってくれましたからね。それで僕たちも〝よっしゃ！　やれるぞ〟という雰囲気になったんです。あの時、よく先頭に立ってチームを引っ張ってくれたなあという思いがあります」

この第1回大会は、アメリカ戦での〝疑惑の判定〟があったり、予選で一度韓国に負けたりと、波乱の大会だったが、なんとか優勝し、日本中を感動させた大会となった。

「実はあれから直接話はしてないんです。でも、ムネを通して『松、元気か？』とか、僕が退団した時も、心配してくれていたようです。昨年（18年）は僕がアメリカに行ったんですが、タイミングが合わずに会えなくて、残念でした」

イチローの精神力に脱帽

06年、09年とWBCで2度の栄冠を得たイチローも、12年にはシーズン途中にトレードでヤンキースに移籍し、15年からはマーリンズ、18年にはマリナーズに復帰と、全盛期ほどの成績を残せずに球団を渡り歩く姿を松中はどう思っていたのか。

「それはもう、日本とアメリカでは違う面ですよね。向こうは契約社会なので、あちこち動くのは仕方のないことかなとは思いますよ。それに僕もそうでしたが、ある程度年齢がいくとみんな苦労するんですよ。まあ、それはそれとして、イチローくんには同い年の同級生として、1年でも長く現役を続けてほしいという思いもありましたし、イチローくんを見て、僕も頑張らねばという思いもありました」

苦労という意味では、松中の野球人生はケガに悩まされたものだった。しかし、イチローはケガらしいケガを一度もしなかった。

「ケガがなかったことがイチローくんのいちばんすごかったところじゃないですか。僕は年中ケガをしてましたけれど（笑）。ただ、彼も数年前にふくらはぎを痛めたみたいで。筋膜炎でしょうかね。それから少し体力が落ちたんじゃないかな。それまでまったくケガがなかったのがすごいんですけど」

また、イチローはそのプレースタイルを〝個人主義者〟と批判されたこともあった。チーム至上主義ではないと。

「これは難しい問題です。メジャーは契約社会ですよね。だから、自分が生き残ることが最優先だと思うんですよ。日本球界では、若手が自分のために頑張るのはもちろんですけれど、それが主力になっていくうちにチームのため、というようになっていくんですね。その辺の考え方が、向こうの野球と日本の野球の違いだと思います。

それに、メジャーというのはアメリカはもちろん、ドミニカ、ベネズエラ、プエルトリコといった国からも夢を掴むために大勢やってくるわけです。そんななかで、チームのためといって自分を犠牲にしていては、生き残れないと思うんですよね。

自分を押し出さなければ潰されてしまうことを、イチローくんはよく知っていたと思う。だから人からなにを言われようが、自分のやり方を貫き通したんですよ。人がどう言おうが、試合に出続けて、勝敗に関係なく、打ち続けること、人より守って、人より走ることが自分のスタイルで、それがメジャーで生き残る術だと、彼は考えてたんじゃないかと思っています」

松中は、会長付特別補佐となった18年の5月から今年（19年）3月の開幕戦まで、モチベーションを持ち続けたイチローの精神力が素晴らしいという。

「彼の精神力には脱帽します。そんなイチローくんの最大の功績は、やはり日本人でもメジャーで通用するということを証明したことでしょう。野茂（英雄）さん以降、投手のほうが活躍していますが、野手は井口（資仁）みたいに、活躍しても短期間ですよね。そういう意味でイチローくんは長く活躍し続けたことが評価されますよ。イチローくんのメジャーでの活躍がWBCの開催につながったと思いますし、メジャーリーガーも本気になったと思います。WBCの2回の優勝も日本野球の緻密さが勝利を呼んだと思っていますし、最近はメジャーでも送りバントを結構やるようになりましたよね。あれも日本の野球の影響だと思います。

そんな日米の野球に影響を与えたイチローくんも引退しました。最後に、ご苦労さんということと、僕も可愛がっていた川﨑ムネを可愛がってくれてありがとう、って言いたいです。それと、ＷＢＣの時に戦う勇気をくれて、ありがとうと言いたいですね。せっかく同級生なので、いつかはイチローくんとゆっくり野球の話をしてみたいですね」

「『人間がどう生きていくか』を教えてくれた引退会見の言葉」

第1回WBC、不動の2番打者

西岡 剛

©TOCHIGI GOLDEN BRAVES

にしおか・つよし●1984年、大阪府生まれ。大阪桐蔭高から2002年のドラフト1位で千葉ロッテマリーンズに入団。05、06年に盗塁王、10年にはシーズン200本安打を達成し、首位打者、最多安打を獲得。11年にミネソタ・ツインズに移籍。13年、阪神タイガースで日本球界に復帰するも、18年シーズン終盤に自由契約。19年からはBCリーグの栃木ゴールデンブレーブスでプレー。22年からは九州アジアリーグの福岡北九州フェニックスの選手兼任監督に。24年に総監督就任。同年退任。

取材・文●光石達哉（アンサンヒーロー）

2006年の第1回ワールド・ベースボール・クラシック（WBC）で、西岡剛は日本代表不動の2番打者として全8試合にスタメン出場した。イチローは第1、第2ラウンドの6試合は1番、準決勝・決勝は3番を任され、常に西岡と前後して打席に立った。大会を通じ、西岡は打率・355、イチローは・364と打ちまくり、日本の優勝に大きく貢献。ともに汗を流し、ともに栄冠を掴み取った新旧スピードマンの距離も一気に縮まったかと思いきや、「会話できた」と実感するまでに10年以上の時間を必要としたという。

05年にパ・リーグ最年少で盗塁王を獲得し、ロッテの日本一に貢献した若きスター選手・西岡にとっても、イチローは少年時代から憧れのスーパースターのままだった。

緊張しすぎて、なにをしゃべったらいいかわからない

イチローがオリックスで前人未到のシーズン210安打を放ち、タイトルを総なめにした1994年。11歳年下で当時小学4年生の西岡も、そのプレーに釘づけになった多くの野球少年の一人だった。

「その頃、テレビでは巨人、阪神の試合しかやってなくて、オリックスの試合はプロ野球ニュースとかでしか観られなかったんです。それでも、イチローさん目当て

で観ていました。変わった打ち方だけど、なにかカッコいい。振り子打法や打席に入る前のポーズとか、全部真似しましたね。当時、右打ちだったので、左でも打ちたいと思い始めたのはその頃です。それ以来、ずっとファンですね」

西岡の中でプロ野球選手になりたいという夢が、形になり始めた時期だった。

「4歳から野球を始めて、小4まではとにかく楽しいと思って続けてきました。初めてイチローさんを見た時に、真剣にプロ野球を目指すようになりました」

03年に千葉ロッテマリーンズに入団し、夢を叶えた。憧れのイチローはすでに海を渡り、メジャーリーグでも大スターとなっていた。2人が初めて出会うのは、06年のWBC。しかし、日本代表のチームメート同士といっても、容易にそばには近寄れないオーラを感じていたという。

「当時、川﨑宗則さん、青木（宣親）さんは、『イチローさん、イチローさん』って声をかけて、いろんな話を聞くわけですよ。僕もその中に入りたいですけど、緊張しすぎて、なにをしゃべったらいいかわからない。イチローさんが目の前に現れても近づけずに、ただ見つめていたいという存在だったんです」

一緒に日本代表の上位打線を打ち、勝ち進んでいくなかでも、その距離はなかなか縮まらなかった。

「試合に入る前とか、イチローさんから『野球うまいなあ』『いい選手だ』と言ってもらったこともあったんですけど、当時はなかなか耳に入ってこなかったんです。イチローさんからなにかを取り入れようとかいうのもなくて、小4の時に衝撃を受けた人と同じ空間にいられるというだけで、すごいことだと感じていました」

イチローと一緒に過ごした時間は、当時の西岡にとってすべて夢の中の出来事だったという。その後も、食事の場で同席したり、メジャーリーグ時代に対戦した際に話をする機会もあった。

「『頑張ってんのか』と声をかけられて、挨拶するぐらいでした。ファンなんで、あまり会話できなかったですね」

近くて遠い関係が続いた。

手渡しでもらった年賀状はいまも神棚に

しかし時が過ぎ、近寄りがたい存在であり続けたイチローに、自ら歩み寄ろうという心境の変化が訪れた。きっかけは、阪神時代の16年7月20日の巨人戦（甲子園）で、一塁への走塁中にアキレス腱断裂の重傷を負い、選手生命の危機を迎えたことだ。

「アキレス腱を切った時は、一瞬、野球をやめようと思ったんです。でも、そこからもう一回立ち直ろうと思ったら、野球をもっと好きになったんですよ。私生活の過ごし方とか自分のいままでの間違いを見直して、どう変えていくかという心境に変わったんです」

そんななかで「イチローさんに会いたい」という気持ちが芽生え、自らコンタクトをとり、18年1月にはイチローが毎年オフに神戸で行っている自主トレに参加した。

そこで、素直に自分の気持ちをイチローにぶつけた。

「若い時はなにも考えずに、この道だと思った道を突き進んでいたので、いっぱい失敗もした。失敗を経験して、いまはこういうふうに取り組もうとしているという話をしたんです。その時が初めて、自分の心の中でイチローさんと会話できたという瞬間でした」

目の前のスーパースターからは「継続することが大事だから、頑張って」と声をかけられた。その言葉がなによりもうれしかった。一緒に自主トレを行ったのはわずか3日ほどだったが、濃密な時間だった。

「練習中に僕のバットが折れたんですけど、イチローさんが『これで打ちなよ』と自分のバットを貸してくれたんです。興奮しました！　とにかく折ったらダメだと思って打っていたんですが、細くて僕らが扱えるようなバットじゃないんです。何セットか打たせてもらったあと、そのバットをいただいたんです。僕にとっては一生の宝物ですね。また、最後に行った日には、年賀状を手渡しでもらったんです。宛名に西岡剛、後ろにイチローと手書きで書いてあって、いまでも神棚に飾っています」

モチベーションの源泉は「目標」があるから

当時のイチローは傍から見れば、後輩の面倒を見るような余裕のある状況ではなかったかもしれない。前年（17年）11月、フロリダ・マーリンズ（現マイアミ・マーリンズ）との契約が更新されず、所属球団が決まっていなかったからだ。当時44歳。年齢だけを考えれば、獲得に手を挙げる球団がこのまま現れない可能性もあり、選手生命の瀬戸際とも言えた。

それでも、イチローは例年と同じようにシーズン開幕を迎える選手として、練習に取り組んでいた。

「チームは決まってなかったんですけど、毎日やるメニューも一緒だし、なにも変わらなかったんです」

奇しくもこの18年シーズン終盤、西岡も阪神から戦力外通告を受けた。その実績を考慮し、阪神は引退試合もオファーしたというが、自身は現役にこだわり、トライアウトを受けた。NPB球団からは声がかからなかったが、ルートインBCリーグ（独立リーグ）の栃木ゴールデンブレーブスに入団した。

「僕も戦力外になった時に、チームが決まらずにずっと自主トレを続けていたんですよ。イチローさんが平然と練習をしている姿を見ることができた経験があったので、僕もブレずに続けたおかげでいまのチームに入れた。くらべられるものじゃないですけど、すごくいい勉強、経験させてもらいましたね」

一方、イチローは18年3月に古巣シアトル・マリナーズと契約したが、5月には会長付特別補佐という異例の役職に就任し、シーズン中の残り試合は出場しないことが発表された。それでも、イチローは毎日のようにチームメートたちと一緒に練習を続けていた。

周りから見ても歯がゆい状況で野球に打ち込めるモチベーションの源泉は、「目標」があるからだと、西岡は自らになぞらえて語る。

「僕らもそうですけど、独立リーグに来てまで野球を続けているのは、目標があるからできることなんです。それまでの優勝とか、自分のエラーで負けたとか、チームからクビを宣告されたという経験は、目標さえしっかり持ってブレなければ、すべて通過点じゃないですか。目標を目指していても、なにかの壁にぶち当たって『もういいわっ』って諦めれば、いつまでたっても目標を掴めないと思うんですよね。それが野球のなかの結果なのか、野球以外のことなのか、人それぞれ目標は変わってくると思うんですけど、イチローさんもそれをされているだけじゃないですか」

「向くか向かないか」よりも「好きなもの」

イチロー最後の試合となった19年3月21日のアスレチックス戦（東京ドーム）は、少年時代と同じようにテレビを通してその姿を目に焼きつけた。

試合後、約1時間半にわたる引退会見での言葉も「一言一句すべて」が胸に突き刺さったという。いわゆるイチロー節といわれる独特の言い回しも、選手として艱難辛苦の経験を積んできた西岡には、自分に話しかけられているかのごとく感じるようになっていた。すべて夢心地で聞いていたWBCの頃とはまったく違う自分になっていた。

会見のなかで、「貫いてきたものは？」という記者の問いに、イチローは「野球を愛したこと」と答えた。その言葉に、西岡は共鳴する。

「小さい頃って野球が楽しかったから、みんな続けてると思うんですよね。プロになれた時も、とにかくうれしいですよね。でも、プロになってお金をもらったり、いろんなことが起きると、野球が仕事になってくるんです。仕事って、どっちかというときついじゃないですか。学生から社会に出た人たちも誰だって一緒だと思うんですけど、毎回、同じ道を通勤して、同じ時間に動いてっていうのは、それが当たり前になると、苦痛に感じる日も出てくると思うんです。なんなら、楽しい時よりも苦痛の日が多い。苦痛に思うことを続けるのは忍耐力がいるし、年を取るたびにその忍耐力は弱ってくると思う。だから、本当に楽しい、好きだという気持ちがないと続けられないと思うんです」

これは、イチローが子供たちへのメッセージとして語った「いろんなことにトライして、自分に向くか向かないかというよりも、自分が好きなものを見つけてほしい」という言葉につながっていく、と感じられる。

「もしかしたら、いまやってることが自分に合ってないと気づいた人もいるかもしれない。それでも若いうちにトライできるのであれば、『失敗してもトライしなさい』とイチローさんは言われたと思うんです。野球と関係なく、人間がどう生きていくかということを教えてくれたんじゃないですかね」

西岡にとって、イチローはこれから先も手の届かない憧れのスーパースターであることには変わりないという。

「距離は縮まってはないですよ。仲良くなりたいというのもないし。もし僕が成長できたらまた会ってくれるでしょうし、そういう方だと思います」

「引退会見の明るさは悔しさを悟られたくない気持ちからでは」

WBC連覇のチームメート

岩村明憲

いわむら・あきのり●1979年、愛媛県生まれ。宇和島東高から96年のドラフト2位でヤクルトに入団。自己最多の44本塁打、103打点の成績を残した2004年から3年連続30本塁打以上、打率3割以上をマーク。06年オフにMLBのレイズ(当時デビルレイズ)入りし、08年ワールドシリーズ出場。その後、パイレーツ、アスレチックスを経て、11年から楽天、13年からはヤクルトに。19年から独立リーグ・福島レッドホープスの社長兼任監督。24年に監督を退任し、25年からはチーム総監督に就任。

取材・文●丸井乙生(アンサンヒーロー)

酸いも甘いも嚙み分けてきた。岩村明憲は2000年代前半のヤクルトで主力打者として活躍し、06年オフにポスティングシステム（入札制度）でメジャー挑戦を果たした。タンパベイ・デビルレイズ（現・レイズ）では、08年、球団初となるワールドシリーズ進出に貢献。しかし、09年の試合中に相手スライディングを受けて左膝を負傷してから暗転。リハビリ、降格でマイナーリーグを経験した。

メジャーでは3球団を経験し、11年からは楽天、13年からは古巣・ヤクルトで日本球界に復帰したが、本来の力を発揮することはできなかった。15年からは独立リーグ・福島ホープス（現・福島レッドホープス）で選手兼任監督に就任。現役選手としては17年シーズンかぎりで引退し、19年現在は球団の社長、監督としてフル回転している。

イチローとは06、09年のWBCで日本代表としてともに戦い、メジャーでは対戦相手となった。岩村は尊敬する先輩を「野球の神様にいちばん近づけた人」と表現する。

「年上で、すごい記録を打ち立てて、僕なんかイチローさんについて話をする立場ではないんですけど、一緒にやれたことが光栄だと思える選手です。〝野球の神様にいちばん近づけた人〟だと。たとえば、サッカーの神様はペレと言われますが、野球の神様はイチローさんでいいんじゃないかなと僕は勝手に思っています」

06年よりも、09年のほうが僕たちはしんどかった

野球とベースボール。野手としてプレーするなかで感じた違いは「スピード感」だったという。岩村自身も俊足だったが、レイズ時代の同僚であるカール・クロフォードの足には舌を巻いた。クロフォードが引退した16年時点の盗塁数は、当時イチローに次ぐ現役歴代2位の480盗塁を数えた。

「一番はスピードに慣れること。（メジャーは）日本よりもちょっとスピードが速い。バッターボックスの中だけじゃなくて、全体的なもの。たとえば、足が速い選手は本当に速い。日本人が考えている足の速さではないんです。同僚だったカール・クロフォードには、こいつにどうやったら勝てるのかなと感じました。やっていくうえで本当に必要なのはスピード感に慣れることとです。守備にしても、打者、走者のスピードもわかっていかないと、なかなかついていけない。でも、イチローさんは逆に、メジャーで周りが目標とする立場になっていました」

09年4月22日（現地時間）のマリナーズ戦。5回2死二塁の場面で二走を務めた際、右翼にはイチローがいた。右前打を捕球したイチローのレーザービームと勝負。三塁を駆け抜け、回り込んで左手でホームベースにタッチした。

「一緒に同じ時代にプレーできたことが誇りに思える存在。もうリスペクトしかないんですが、ただ、対戦相手になれば、それはそれ。だからこそ、自分がシアトル

戦でセカンドランナーだった時は、よし、イチローさんのレーザービームをかいくぐってセーフになろうという目標がありました。できた時はうれしかったですよ。やっぱり意識しました。でも、思い出はＷＢＣがいちばん大きい。06年より、09年のほうが僕たちはしんどかった」

06年ＷＢＣは第1ラウンドで韓国に惜敗し、第2ラウンドでも米国にサヨナラ負けを喫し、韓国に惜敗しながらリーグ2位で準決勝に進んだ。その準決勝では大会3度目の対戦となった韓国を破り、決勝でキューバを下して初代王者に輝いた。岩村は負傷で離脱する第2ラウンドまでに6試合で先発出場し、打率・３８９の成績を残した。

一方、第2回大会でイチローは大会前の実戦6試合で23打数3安打と低迷した。大黒柱の不振に野球ファンはざわめき、チームの緊張感は高まった。

「06年はみんな手探り状態で、やっているうちに気づいたら世界一になっていたところが正直あったけれど、09年は宮崎の代表合宿初日から数万人のファンの方々が来て、期待感を初日に感じました。だからこそ、連覇しなきゃいけないと強く思いました。09年は使命感のなかで戦った。それぞれが思いをひとつにしないと絶対に勝てないというなかで戦ったことは強く思い出に残っています」

明るくフレンドリーだった引退会見の意味

東京ドームで行われた第1ラウンド3試合、メジャー3年目の岩村は当時の守備位置である「9番・二塁」で先発出場した。3試合で9打数無安打。イチローの不調に注目が集まっていたが、岩村も不振にあえいでいた。米国開催となる第2ラウンド以降を前に、苦しむ者同士として話し合ったという。

「(第2ラウンド以降は)米国へ行くというより逆に〝戻る〟という表現を使って、いろんな話をしました。米国で生活しているわけだからというところで。練習中も含めて、どういうアプローチをしていくか、打てない時になにをするか……。

そうやって話すことができたのも、(オリックス元コーチで、ヤクルトの元アドバイザーの)中西太さんという存在があるからでした。中西さんについて話すことによって、調子が悪くなった時にどういう練習をしていたかを思い出すこともできました。

イチローさんがオリックス時代にどういうことをやっていたかという話をちょっと聞けたり。最終的には『自分を信じることしかないよね』という話に落ち着いた。『やるだけのことをやってから、自分を信じて、待つ。ワンプレーワンプレーに一喜一憂しないことだよね』なんて話しながら、第2ラウンドを迎えました」

そして決勝の韓国戦。記憶に残るシーンが生まれた。同点で迎えた10回表2死二、三塁、イチローがセンター前へ決勝2点タイムリーを放ち、連覇を果たした。

WBC後、シーズン前にイチローは故障者リスト入りした。理由は胃潰瘍だった。それでも、スーパースターは人前で「苦しい」という意味の言葉を発することはなかった。

「(苦しいとは)絶対言わないでしょう。だから、今回、引退会見でも言わなかった。ヒットが出ないなかで、最後に明るいフレンドリーな会見だったのも、悟られたくないという部分だったんじゃないかな。ああいう表情をしながらも、たぶん本当は悔しかったと思うので。でも、最後に日本で試合ができるのは、やっぱり〝持って〟ますよね。巡り合わせがないと、なかなか実現しない。見えない縁があるからこそ、日本のファンの前で最後を迎えられたのではと思います」

オープン戦の成績がよかったら引退してない

2度目のWBCを終えた直後、岩村にとって野球人生の分岐点となるアクシデントが起きた。09年5月24日(現地時間)のマーリンズ戦で、投手からの送球を二塁から一塁へ転送しようとした時、一塁走者の強烈なスライディングを受けて転倒した。左膝前十字じん帯部分断裂。以降はリハビリと闘いつつ、本来の打撃から光が徐々に失われていった。

「打者が潮時かと思う要因のひとつとして、目の問題はある。すごく大きな問題。僕は普通に見えているつもりなのに、打ち損じが多くなったり、動くものに対して弱くなって、反応が遅くなったりした。もちろん、人それぞれの年齢はあります。また、ゲームから離れていると、試合勘を取り戻すのは大変。イチローさんは18年に会長付特別補佐になって、練習をしているとはいえ、試合勘はキャンプ、オープン戦だけじゃ取り戻せなかったのかなと。シアトル（・マリナーズ）としては最大のリスペクトを持って対応をしたと思うし、チーム事情もあるんだけど、打席に立つ機会が多ければ、また違った結果になったかもしれない。もし、オープン戦の成績がよかったら引退してないんじゃないかと思っていたんです。『今年も自分はメジャーでやります』と言っているイチローさんがいたんじゃないかなと」

結果的に先輩の引退試合となった19年3月21日のマリナーズ―アスレチックスは、始球式で藪恵壹の捕手役を、テレビ中継では解説者を務めた。

「50歳で現役、という目標に向かっていくんだろうなと思っていたので……。試合中に、試合後に会見を行うというリリースが来た時に、内容は本人のみぞ知るということだったので、みんなが『うん？』となった。放送していても『これが見納めですね』とも言えないし、言いたくもなかった」

ぶっちゃけ、選手でやってるほうが楽だった

岩村は現在（19年）、社長兼任監督として、プロ野球を夢見る若い選手たちを育成する立場となった。米国での経験、そして楽天移籍初年の11年に東日本大震災に見舞われた体験をもとに、福島レッドホープスでは「震災復興の後押し」「風評被害の払拭」を理念に掲げる。

「まだ観客動員数は少ないけれど、一人でも多くの人に来てもらえるようにしたい。米国ではリハビリでルーキーリーグにも行ったし、リハビリと降格で3Aにも行った。米国では、ルーキーリーグでもプロモーションがしっかりしているところもある。ルーキーリーグはビジネスにはなかなかならないけれど、シングルAから興行として運営しているので、あの時こうだったな、ああだったなと思い出しながらやっています」

そして、監督として。現役時代に「とんがっていた」自分だったからこそ、感じることがある。

「いままで仕えた監督さん、コーチの方の苦労がすごくわかります。指導者の方々と、こういうすれ違いはあったな、本当はこういうことを言いたかったんだなというのは、いまの立場になってわかりました。

打率3割を打たせたり、防御率2点台で収めさせることは難しい。ぶっちゃけ、

選手でやってるほうが楽だったなというのはあります。でも、僕はいま、子供たちの目標がプロ野球選手であってほしいと思うし、プロ野球選手が遠い世界の人たちというイメージがあるならば、その間に入れるのが独立リーグの選手たちだと思うので、その選手たちのレベルを上げて、福島の子供たちの目標になれる選手を育てたい。1人でも2人でもプロに送り出すことがいちばん大事なこと」

岩村自身、故郷の愛媛県宇和島市を愛する地方出身者だ。イチローは愛知県西春日井郡豊山町出身。日本全国、どこかに原石は眠っている。福島県でそれを磨きあげることが、出会いのなかで生まれた責務となった。

「めっちゃ、やり甲斐ありますよ。なければ、してません」

Japan
Japan
51

「弱気な発言がなく、みんなの前で発言する時は、いちいちカッコいい」

WBC連覇を支えた「サブマリン」

渡辺俊介

わたなべ・しゅんすけ●1976年、栃木県生まれ。2000年のドラフト4位で千葉ロッテマリーンズに入団。「世界一低い」と言われたアンダースローを武器に活躍。05年はキャリアハイの15勝をマークし、ロッテの31年ぶりの日本一に貢献した。06、09年WBC日本代表。14年、マイナー契約を結んだボストン・レッドソックスの春季キャンプに参加。その後、メジャー契約を目指し、米独立リーグやベネズエラのウインターリーグに挑戦。20年から日本製鉄かずさマジックの監督。

取材・文●岡田剛（アンサンヒーロー）

個性を貫いた侍がいたことで、「ミスターサブマリン」もまた海を渡ることができた。

2005年、渡辺俊介は千葉ロッテマリーンズでキャリアハイの15勝をマークし、31年ぶりに日本一となったチームを支えた。その後、14年春にはメジャーリーグを目指して、ボストン・レッドソックスのキャンプに参加。しかし、渡辺がメジャーのマウンドに上がることは叶わなかった。

イチローとは2度のWBCでチームメートだった。06年は上原浩治、松坂大輔とともに先発3本柱として、09年は投手陣の最年長選手として世界一に貢献した。

「まさか一緒のチームでやれるとは思っていなかった。ほかの選手とまったく違って、突き抜けて頂点にいる人だった。06年のWBCで、相手チームの選手が王貞治監督にサインを求めたり、握手をしたりしていた。僕の中では、イチローさんと王監督は同じような存在。野球選手としての認められ方、リスペクトのされ方が違う」

渡辺がプロに入ったと同時にイチローがメジャーリーグに挑戦したため、一度も対戦することはなかった。だからこそ、イチローとともに過ごした2度のWBCは貴重な時間だった。

「それなに？　面白そうだね」

06年は第1回大会だったためか、日本での注目度は当初、のちのフィーバーぶりを踏まえると高いものではなかった。選手たちも優勝へのプレッシャーを感じることは少なかったという。

各球団から集結したスター軍団であっても、スーパースター「イチロー」の姿を見ると、まるで野球少年の顔つきに変わった。

「川﨑（宗則）、今江（年晶）、西岡（剛）と、イチローさんに憧れて野球選手になった若い世代が一緒にプレーしていた。あの個性的な選手たちが、キラキラした目でイチローさんを見ていた姿は忘れられない。普段、見たことがない表情だったから、『お前、そんな顔するんだ』っていうくらい」

スーパースターたる所以《ゆえん》は、練習の時から垣間見えた。

「当時では珍しかった股関節のトレーニングについて意見交換しました。いまはみんなやっているけど、当時は四つん這いになって股関節を回しているとカッコ悪くて笑われた。でも、イチローさんは『それなに？　面白そうだね』って反応してくれた。僕のトレーナーも『これがいってすぐわかるんだ』って感心していた。ちょっとしたやり取りだったけど、パッと見ていいことだってわかるのはすごい。長くトップにいる選手は、いいことにはなんでも反応できる」

ともに時間を過ごすなかで、〝神〟を迎えた日本代表はチームとして機能し始めた。

「守備にいるだけでドキドキした。初めは近づきにくい雰囲気があって構えていたけど、向こうから話しかけてコミュニケーション取ってくれて、気さくに笑いを取ったり、中心で声を出したりしてくれた」

意外なほど静かに開幕した06年のWBCで一躍、日本中の注目を集めた試合は、「世紀の大誤審」が生まれた2次ラウンドの米国戦だ。3対3で迎えた8回表、一死満塁から岩村明憲（現・福島レッドホープス総監督）が放った打球はレフトに上がった。捕球された瞬間、三塁走者の西岡はタッチアップしてホームインしたが、主審のボブ・デービッドソンによって判定が覆された。日本は勝ち越すことができず、結果的にサヨナラ負けを喫した。

大きな物議を醸した試合は、イチローの先頭打者本塁打で幕を開けていた。

試合前、選手たちはアレックス・ロドリゲスらメジャーリーグのスターが集結した米国チームに圧倒されていた。そのなかでイチローは冷静さを貫き、言葉とプレーでチームをけん引した。

「相手は立ち姿からなにからなにまでカッコよかった。選手たちは雰囲気にのまれていた。その時にイチローさんが鼓舞してくれた。みんな、メジャーの一流選手を前にして〝憧れの目〟になっていたけど、イチローさんの言葉で目が覚めた。そして先頭打者ホームラン。言葉でも、打撃でも、引っ張ってくれた。いろいろあったけれど、チームがひとつになれた試合だった」

自分のスタイルを貫けたのは、イチローさんのおかげ

09年、2度目のWBC日本代表に選ばれ、再びイチローと同じチームで戦った。この時、選手たちには「連覇」の重圧が大きくのしかかっていた。イチローは大会前の実戦6試合で23打数3安打、大会中も準決勝までは38打数8安打の打率・210と、かつてない不振にあえいでいた。

「優勝しないと帰りづらいなって思っていた。チーム内でも『絶対優勝しよう』って。チームを引っ張っていたイチローさんが打てなかった時は、みんなで苦しんでいた。だからイチローさんが打った時は喜びましたね。（決勝戦で）最後に打った時はみんなで喜んだ」

決勝戦の相手は宿敵・韓国だった。9回裏に3対3の同点にされた日本は、10回表2死二、三塁からイチローの鮮やかなセンター返しの決勝2点タイムリーで、韓国を下し連覇を果たした。イチローはのちに、この時、胃潰瘍を患っていたことが判明している。

スーパースターはどんな時でも「イチロー」を貫き、選手たちの中心にいた。日本でも、メジャーでもスタイルの変わらない背番号「51」の姿は、海外挑戦時、渡辺の心の支えになっていた。

06年、WBCが終わって日本代表全員が最後に揃った時だった。この時のイチローの言葉に胸が熱くなった。

「『このメンバーでメジャーのチームと戦ってみたい』とイチローさんに言われて、想像しただけでワクワクした。メジャーについては、最初、ロッテ時代にボビー・バレンタイン監督の下でやっていた時に意識した。そして、WBCで米国の球場でやった時の雰囲気、イチローさんの言葉……いろいろなことが積み重なっていった」

13年オフ、当時37歳のベテランがメジャー挑戦を決意した。

14年はボストン・レッドソックスの春季キャンプに参加した。マイナー契約だったため、キャンプやオープン戦で結果を出さなければならない立場だった。しかし結果は、自由契約。その後は米独立リーグ、ベネズエラのウインターリーグから再びメジャーを目指したが、夢は叶わなかった。

メジャーでも数少ない「サブマリン」の挑戦は、まさにいばらの道だった。それでも、自らのスタイルを貫いて勝負し続けた。理由は、個性を輝かせて活躍していた日本人がメジャーリーグにいたからだ。

「メジャーに行ったイチローさんが、日本と変わらないスタイルでプレーしていたことは励みになっていた。日本から行くと、体を大きくして向こうに合わせようとするけれど、イチローさんは日本でやっていたことを継続してきた。体を大きくしないとダメかなと思った時はあったけれど、そのままでも最後まで貫ければ結果を出せるんだって信じることができた。

メジャーにはアンダースローの先発は少なかった。イチローさんも同じようなタイプの選手はいなかった。でも、メジャーに手本となる選手がいなくても、あれだけの地位を築いた。僕はメジャー契約できなかったけど、イチローさんのおかげで自分のスタイルを貫いて頑張れた」

15年12月に社会人野球の「日本製鉄かずさマジック」に入団。現在（19年）は投手コーチを務めている。

野球人としての理想像は、イチローとともに世界一を経験した時間から見つけることができた。

「演じてでも憧れられる存在でいたい。プレーから、言動から、なにからなにまでカッコつけてなきゃだめだなって。イチローさんを見ていて演じているのかなと思っていたけれど、ずっと変わらなかった。僕の知っているイチローさんはグラウンドでも、私服を着ても、お酒を飲んでいる時も、いつも同じだった。

ずっと一緒にいたわけではないけれど、弱気な発言がなくて、みんなの前でなにか発言する時は、いちいちカッコいい。どんなことを言ってくれるのか期待して聞いていた。イチローさんの真似はできないけど」

誰にも真似できない打撃、守備、走塁があり、さらに選手たちの心を動かす力強い言葉を持っていた。影響を受けた人は、選手にかぎらず大人から子供まで幅広い。

「イチローさんが引退を発表した日、野球をやっている高校生の息子は、僕より驚き方がすごかった。息子はイチローさんの現役時代を見ていた時間は少なかったと思う。それでも驚いていた。僕が子供の頃に、王さん、長嶋さんの現役時代を見ていなくてもすごい人と思えた時と同じ感覚だったはず。

いまのチームでスカウティングしていても、右投げ左打ち、足の速い選手が多い。完全にイチローさんの影響だと思う。ウチにも影響を受けた選手はたくさんいる。ベテランの外野手がいるけれど、イチローさんのことを語らせたら僕なんかより話せるかもしれない」

引退よりもリスペクトのされ方に驚いた

渡米していた時期、レッドソックスのキャンプに参加した時や、独立リーグでプレーした時は選手たちから「イチローの友達か？　サインボールが欲しい」と何度も頼まれた。選手だけではない。ホストファミリーの子供もサインボールをせがみ、イチローがバッターボックスに入る時のルーティーンを真似していたという。

「サインボールなんて、なかなかくれないよって断っていた。『お前は本当に知り合いか』とまで言われたこともあった。なにかあると、『ＩＣＨＩＲＯ、ＩＣＨＩＲＯ』だった」

　メジャーリーグにおいて、日本人選手の代表は「ＩＣＨＩＲＯ」になっていた。世界最高の左打者と、「ミスターサブマリン」の対戦は実現しなかったが、頭の中で夢を描いたことはある。

「対戦したかった。でも、間違いなく苦手なタイプのバッターで、抑え方が見つからない。バットコントロールのいいバッターは、緩急に強くてバットが出てこないから、僕の武器が削がれてしまう。浮き上がる系の球を内角高めに投げられるかどうか。それでも打ち取れる自信はない。追い込んだら逆に打たれそうだから、初球を簡単に打ってくれるのが一番いいかな」

　スタイルを貫いて挑戦することの厳しさを味わったからこそ、最高峰の舞台で認められたイチローの偉大さを実感できることがある。

「引退よりもリスペクトのされ方に驚いた。マリナーズで特別に残っていたけれど、めったにできない。あんなにリスペクトされていたことに感動した。最後まで『オンリーワンでもあり、ナンバーワン』であり続けたことがすごい」

人の金で
焼き肉が
食べたい

第4章 レジェンドOBたちの「イチ論」

Japan
22
16
Japan
Japan
Japan
81

「第2回WBC、ラーメン店で初めて聞いたイチローの弱音」

オリックス時代、第2回WBCコーチ

山田久志

やまだ・ひさし●1948年、秋田県生まれ。能代高から富士製鐵釜石(現・新日鐵釜石)を経て、68年のドラフト1位で阪急ブレーブスに入団。2年目に10勝を挙げると、86年まで17年連続2ケタ勝利をマーク。88年に現役引退。通算284勝の成績を残した。94～96年までオリックスの1軍投手コーチ。02～03年は中日の監督を務めた。09年、第2回WBC日本代表投手コーチとして、日本の連覇に貢献。

取材・文●福田晃広(清談社)

アンダースローの投手としては日本プロ野球最多となる通算284勝の記録を残し、「史上最高のサブマリン」と称される山田久志。1994年、オリックスの1軍投手コーチに就任して以来親交が深く、イチローとはプライベートでゴルフや食事に行くほどの仲である。3月20日のマリナーズ―アスレチックス戦が行われる数日前、山田はイチローから送られてきたメールの文面を見て、この試合かぎりで引退することを察したという。

「私は試合を観に行けなかったので、イチローにこういうメールを送ったわけです。『51の美しき雄姿をグラウンドで見ることが叶わず、無念です。奮闘をテレビ観戦しております。いつ、いかなる時も応援団の一人です』とね。すると、『ご無沙汰しております。メールありがとうございます。残り2試合なんとかみなさんの想いに応えたいと思っております』と返信がきたから、『じゃあ、これが引退試合になるのか』とすぐわかった。だって、昨年（2018年）のかなり早い時期に残り試合には出場せず、球団の会長付特別補佐に就任したでしょ。それで東京ドームでの開幕戦が決まった時には、もしかすると日本で最後にするんじゃないかと思っていたから、再確認した感じだよね」

シーズン200安打記録にも淡々

山田がイチローのプレーを初めて見たのは、92年のジュニア・オールスター（現フレッシュ・オールスター）。そこで1年目のイチローは、途中出場で代打決勝ホームランとヒットを放ち、MVPを獲得した。その時の印象はどうだったのか。

「『オリックスにこんな選手が出てきたのか』と思ったね。すでに将来有望な選手として噂には聞いていた。バッティングがよくて、足も速くて、守備もいい。さらに肩も強いと。その後、実際に練習などを見てみると、投手出身とは思えないほどの順応性というのかな、そういうのを感じたね」

その翌年のシーズンオフ、ハワイで行われたウインターリーグにイチローも参加。その時、山田は初めてイチローとハワイの居酒屋で出会った。

「私がちょうどハワイに滞在している時、ウィンターリーグが開催されていて、オリックスからも何人か派遣されていた。それで当時1軍内野守備・走塁コーチだった弓岡敬二郎から連絡があってね。『山田さん、ロクなものを食べてないから、おいしいご飯のお店に連れていってください』と言われたの。そこで居酒屋みたいなところに弓岡くんと若手選手数名を呼んで、そのなかにイチローや田口壮もいた。まだ登録名はイチローじゃなかったから、『君が噂になっている鈴木か』みたいな感じで少し話した記憶があるよ」

その出会いからすぐの94年シーズンから、山田はオリックスの1軍投手コーチに就任。早々にイチローのフリー打撃練習を見て、驚きを隠せなかった。

「しばらく様子を見ていても、バットの芯から外す打球がほぼなかった。フライかライナーかゴロかは別にして、ほとんど芯で捉えていた。だから、『この選手はかなりのレベルのところまでいきそうだな』と、バッティング練習を見るかぎり、そう思ったね」

その年のイチローは、これまでのシーズン最多安打記録の190本を超える日本プロ野球史上初のシーズン200安打（最終的には210安打）を達成する。この前人未到の大記録により、イチロー人気は過熱し、一躍時の人となった。ただ、本人にその自覚は微塵もなかったという。

「私もイチローに『野球界の長い歴史のなかで、誰もやっていないことをやったんだぞ』と言っても、本人はピンときてない反応だったね。だから、191本の新記録の時も、200本安打の時も、ガッツポーズとかしてなかったでしょ。自分はなにか特別なことをしたというより、これまでやってきた練習の成果が表れたぐらいの感覚なんじゃないかな。だから、全然はしゃぐことはなかった」

「がんばろうKOBE」がきっかけでイチローは変わった

94年はイチローフィーバーで日本中が盛り上がった。しかし、その翌95年1月17日、阪神淡路大震災が起きる。オリックスの本拠地・神戸の街は大被害を受けたが、被災者たちは復興のために前を向き続けた。

一方のオリックスも震災直後は練習もままならなかったが、「がんばろうKOBE」を合言葉に「優勝」を目標に掲げた。シーズン開幕戦は、交通事情が悪いなか、グリーンスタジアム神戸（現・ほっともっとフィールド神戸）には3万人の観衆が訪れた。山田は当時のことをこう語る。

「最初お客さんは球場に足を運べるような状況じゃないと思ったんだけど、蓋を開けてみたら、超満員。あの時はジーンときたね。チーム全体の雰囲気も変わって、そりゃ頑張る気になるよ。本当は選手が被災者の方たちに勇気を与えるのがあるべき姿なんだろうけど、あの時は逆に選手たちが元気をもらったんじゃないかな。イチローも別人のように変わった。そのおかげで、オリックスの快進撃が始まったよね」

4月、5月までは5割前後の勝率で首位を西武に譲っていた。しかし、6月に西武から首位の座を奪うと一気に2位以下を突き放し、見事11年ぶりのリーグ優勝を果たした。日本シリーズの相手は野村克也監督率いるヤクルト。イチローは、ヤクルトバッテリーの執拗な内角攻めなど、徹底的にマークされ、持ち味を十分に発揮することができなかった。

「さすがのイチローでも、初めての日本シリーズで緊張もあったんだろうけど、野村さんが『バッターボックスから足が出ている』とクレームをつけて、精神的に揺さぶってきた。あっちはイチローを抑えれば勝てる、っていう考え。本人も相当悔しかったただろうね」

95年の日本シリーズ、オリックスは1勝4敗でヤクルトに敗れるが、96年もオリックスはリーグ連覇を果たし、この時の相手はジャイアンツだった。山田がこう明かす。

「ヤクルトと巨人では、イチローの雰囲気はまったく違った。巨人戦のほうがより入れこんでいたと思うよ。前の年のヤクルト戦の悔しさがバネになったのは間違いない。巨人との第1戦ではサヨナラホームランも打ったし、あれはチームに勢いがついたね」

初戦を取ったオリックスは敵地で連勝。舞台をホームの神戸に移した第3戦も勝ち、日本一に王手。第4戦は落とすものの、第5戦でも巨人につけ入る隙を与えず、快勝し、19年ぶりの日本一を勝ち取った。

「うまくタイミングが取れなくなった」

96年のシーズン後、山田はオリックスを退団したが、その後も二人の交流が途切れることはなかった。そして、4年後、00年オフにイチローはメジャー挑戦を宣言する。

「いろいろ話をしていて、メジャーに行きたいことは薄々感じていたから、いずれ行くとは思っていたけどね。私の率直な意見として、肩、足、守備はアメリカの一流選手にも絶対負けないけど、バッティングは正直心配だったね。ひょっとして日本にいた時の成績は残せないんじゃないかってね。でも、まさかいきなり200本以上ヒットを打つとは驚いたよ。あとは日本人へのメジャーに対する興味を引かせたのもイチローの功績。その感謝の気持ちもあって、最後の引退試合はああいう演出をしてくれたのかもしれないよね」

そして、山田が再び、イチローと同じユニホームを着ることになるのは、投手コーチに就任した09年の第2回WBC大会だ。日本の連覇を懸けた大会で、イチローにかかるプレッシャーも大きかった。

「最初は日本の選手がメジャーの選手に遠慮をして、なかなか一枚岩になれなかった。その悪い雰囲気を察したイチローは、日本の選手に積極的にアドバイスを送ったりしていたね。自分がチームをまとめていかなくちゃいけないという気持ちがあって、やたら神経を使っていたと思うよ。WBCが終わったあと、イチローは胃潰瘍になったでしょ。いま思えば、東京での第1ラウンド中に一緒にラーメンを食べた時、チャーシューを避けて、麺だけ軽くすするくらいだったから、もうあの時点で相当体調がおかしかったんじゃないかな。あの時に初めてイチローから弱音を聞いてね、『メジャーのピッチャーに慣れすぎて、アジア系のピッチャーにうまくタイミングが取れなくなった』と。そういう言い訳をするヤツじゃないから、心配したよ」

それほどWBCに懸ける思いが強かったイチロー。チームとしても1試合1試合、勝ち進むたびに雰囲気はよくなり、次第にまとまっていった。

「ベンチであんなにはしゃぐイチローをオリックス時代では、一度も見たことがなかった。それほど勝ちたかったんだと思う。ムネ（川﨑宗則）がイチローに輪をかけて騒いでね。あの2人がムードメーカーの役割を果たし、みんなも乗せられて、盛り上がる。試合を重ねるごとにチームが仲良くなっていったね」

準決勝の米国には、9対4と快勝し、決勝の相手は今大会5度目の対決となる韓国。これまで2勝2敗と互角の戦いを繰り広げた最大のライバルだ。あの日本中が熱狂したイチローの延長10回表に放った決勝2点タイムリーヒットの場面を山田はこう語る。

「長年野球をやってきて、あんなに念じたのは初めてかもしれない。私の継投ミスで追いつかれたと思っていたからね。原監督が『頼むからイチローのそばにいてください』って言うから、いちばん近い端のほうに立たされてね。センター前にきれいに打ち返した時は、原さんと抱き合ったよ。私は当時60歳で、あれほど熱くなれるものかというぐらい興奮した。すごくうれしかった記憶があるなぁ」

山田はイチロー引退後の日刊スポーツの取材に「ＷＢＣの次期監督にイチローを推薦したい」と発言している。最後にその真意を聞いた。

「イチローが引退の記者会見をしたあと、おそらく取材がたくさん来るだろうと予想して、どこも受けないと決めていた。私とイチローの関係はひと言では語れないからね。だけど、お世話になっている日刊の取材は受けたんだけど、あいつがこれからなにをするんだろうと考えた時、『そうだ。ＷＢＣの監督も似合うんじゃないか』と思ってね。

イチローが監督をやれば、日本は当然盛り上がるし、米国でもインパクトが大きいから、お互いの国にとってもいいことだから。本人は『人望がない』と引退会見で言っていたけど、選択肢のひとつに入れてほしい。でも、イチローはしないやろうな。まったくないとは言い切れないけど、日本に恩返しというか、彼がそういう気持ちになってくれるのを期待したいね」

「1回いらんと言ったら、2、3回目も。あの頑固さは理解できる」

走攻守揃った"一番・外野手"の先駆者

福本 豊

ふくもと・ゆたか●1947年、大阪府生まれ。68年のドラフト7位で阪急ブレーブスに入団。2年目の70年には75盗塁で盗塁王。以後13年連続盗塁王に。72年には106盗塁の世界新記録（当時）を達成。84年、1000盗塁を記録。MVP1回（72年）、ベストナイン10回、ゴールデングラブ賞12回獲得。88年の阪急消滅とともに現役引退。オリックスのコーチ、2軍監督、阪神のコーチを務めた。2002年に野球殿堂入り。野球解説者として活躍中。

取材・文●砂田友美（アンサンヒーロー）

イチローの言葉にハッとした。あいつは覚えていたのか、と。

「『ある先輩に〝3年やって一人前や〟って言われました』って言った時に、あっ、俺のことを言ってるんだと思った。誰って名前は出さなかったけど、それはそれでいいわけよ。大事なことを、ちゃんと覚えていたんやから」

メディアを通じて思いがけず知った後輩のポリシーに、福本豊は小さく何度もうなずきながらほほ笑んだ。

言わずと知れた「世界の盗塁王」。言葉を慎重に選び、独特な言い回しで野球を語るイチローとは対照的に、率直な関西弁で、時には歯に衣着せぬ辛口解説が野球ファンに愛される。ともにオリックス（阪急）OBの外野手で1番打者。健脚を武器に40歳を過ぎても活躍した。野球信条やプレースタイルには共通点が多い。

13年連続盗塁王、12年連続ゴールデングラブ賞に輝いた福本と同じように、メジャーへ渡ったイチローは2001年からのシーズン200安打、ゴールドグラブ賞受賞、オールスター選出という3つの「10年連続」記録を持つ。走攻守すべてにおいて質の高いプレーを継続した証しの根底には「何事も3年しっかりやってこそ一人前」という信条がある。この言葉を、プロで初めてイチローに伝えたのが、福本だったかもしれない。

「200安打しようが、タイトルを獲ろうが、レギュラーを3年やって一人前や。

それで世間の人に知ってもらえるわけやから。知名度のないオリックスで人気上げて、認めてもらおうと思ったら、3年レギュラーをやって数字を見せたら、おお、イチロー！ってなるんやから。1年くらいではあかん！って、俺、イチローに言うたわ」

94年冬だった。プロ3年目のオリックス・イチローが初めて全130試合に出場してシーズン210安打を放ち、打率・385で首位打者のタイトルを獲得したシーズンオフのことだ。一躍、パ・リーグのヒーローとなった時代の寵児に、福本は痛烈なゲキを飛ばしていたのだ。

30近くも年が離れた若武者に、福本なりの助言が心に響いていたかどうか、当初は手応えがなかった。イチローがマリナーズに移籍してから現地で取材した機会はたった一度だけ。シーズンオフの取材で神戸での自主トレを訪れることがあっても、会話といえば「おお、元気か？」「どう？（体は）なにもないか？」程度。野球の具体的な話はほとんどしたことがなかったが、後年のインタビューであの信念がイチローの脳裏に刻まれていたことを知った。01年にメジャーリーグでMVPと新人王を同時受賞しても、イチローの翌年の目標は「レギュラーを取ること」だった。

年間100盗塁はイチローと松井稼頭央ならできた

恐ろしいまでのイチローの才能を福本が初めて目撃したシーズンは、プロ1年目の92年。前年までオリックスの2軍監督を務め、愛工大名電からドラフト4位で入団した鈴木一朗と入れ違いで、野球解説者の道を歩み始めたシーズンだった。

解説仕事の勉強のため、とくに古巣オリックスの試合には足繁く通った。同じ球場で、昼間にウエスタン・リーグ（2軍戦）、夜はパ・リーグ（1軍戦）が行われる通称「親子ゲーム」が開催される試合には、午前中から顔を出した。

「結構、見に行ったんですよ。見に行ったら、1年目から2軍で本当によう打つ。オリックスは弱いし、1番（打者）にいいのおらへんし、こいつ使ったらええじゃないですかと周りには言っていた。なかなか使ってもらえなかったけど、ウエスタンの試合を見ていたら、1試合3本とか簡単に打つから。あの打ち方でも対応しているから、と言ったんだけど、なかなかね。いろんな人がいるから。『あの足を上げる打ち方は難しいから』とか。難しい打ち方でも結果が出ているんだから、ええやんと。ほかの人ができないことをやっているんだから、すごいことじゃないの、と」

前年まで2軍で選手育成に励んだ福本が、これまで見てきた若手とは完全に異質な存在に受けた衝撃はいまも忘れない。自分を超える選手は、この男かもしれないという予感は、年を追うごとに確信へと変わっていった。だからこそ、メディアの「年間100盗塁は、福本さん以外に誰ができると思いますか」とのムチャな質問にも、イチローの名を挙げた。

「イチローが1軍に出てきた時に聞かれて、イチローと松井稼頭央や、と。この2人なら100盗塁できる。なんでやと言ったら、まず（打）率がいい。3割は軽くいくし、体が強い。足が速い。細いけど、スタミナがないようである。馬力がある。ほかの選手も見ているけど、この2人だけやなって僕は思うと言った。ただ、せえへんだけや。給料上がったら（失敗を恐れて）走れなくなると笑かしたんや」

日米通算やメジャー通算の注釈はつくが、イチローは安打、本塁打、打点などで福本の記録を次々と超えていった。

「でも、俺の盗塁だけは抜けなかったやろ。抜こうと思ってたんだよ、たぶんな」

福本の1065盗塁に対してイチローは日米通算708盗塁。牙城を崩せなかった好敵手の悔しそうな顔を想像し、福本はイタズラっぽく舌を出した。

「あの人、抜けるわけないな」と思わせることが大事

3年、5年、10年とレギュラーを張り続けるには、プロ生活において大きなケガをしないことが絶対条件となる。イチローが故障者リスト（現・負傷者リスト）に

入ったのは、09年にWBCの激闘の影響で、メジャー開幕直前に胃潰瘍を患った1度だけ。福本と同じ「守備も走塁も足から」というプレースタイルを貫いたことが、長期の戦線離脱をしなかった大きな理由のひとつに挙げられる。

「そう、絶対にヘッドスライディングはしない。あれは徹底していた、若い時から。行くなら、足から行く。いまの選手はみな、飛び込むでしょ。アナウンサーが『ナイスプレー！』『ファインプレー！』とか言っちゃうけど、『ケガしたらどないすんねん』と。1回で終わりですよ。

イチローもよくわかっているんだろうね、ケガしても休めないから。休んでいる間に、ポジションを取られますもん。よく昔は言われましたもんね。『休んだらポジションなくなるぞ』って。だから自分からケガをしにいかない。防げるケガは防ぐ。それは誰でもできること。若い選手たちが自分をアピールするためにヘッドスライディングやるのはわかるけど、自分の芽を摘んでしまったら終わり。よく言うんですよ。アウト1回、ケガ一生やって」

福本自身、守備にしろ走塁にしろ必ず足から滑り込んでいた理由は、大きな故障を防ぐためだった。現役時代のケガらしいケガといえば、1度だけ肘を痛めたことくらい。それでも休むことなく試合に出場し続けていたためにスローイングの力は弱ったが、遠く速く投げられないという課題は、打球が飛んだ所に速く行けるよう脚力と頭でカバーした。数字には表れないプロとしてのこだわりは、イチローの生き様にも見て取れる。

「ケガをしないでいいプレーをする。優秀な人はそうなっている。イチローはすごい。数字もすごいんだけど、ケガせんかったのがすごい。だから長いことやれた。長いことやったなかで技術が上がっていったから、当然、若い人は追いつけない。あまりのレベルの高さに『わっ、イチローだから抜くことができないわ』って。それが大事。『あの人、抜けるわけないな』と思わせることが。積み重ねた実績をライバル選手に見せる。知らないうちに見せている。だからすごいんですよ」

「打って当たり前」というプレッシャー

故障せずにポジションを死守し続けた強さだけでなく、〝当たり前〟のプレッシャーに対する強さにも、福本は同志のような感覚を覚えている。イチローであれば「打って当たり前」、福本なら「走って当たり前」という見えない重圧が、時に大きな壁となって目の前に立ちはだかることがあった。

「盗塁へのプレッシャーはありましたよ。セーフにならなあかんって。50個くらいは楽にいけるわと思って毎年やっていましたけど、だんだんと走ってセーフになってが当たり前。あれがやっぱりつらかったですね。イチローだって、そうだと思うわ。イチローだったら打つだろうってみんなが見てるから。目に見えないホンマのプレッシャーだね」

福本の場合、走るためにまずは塁に出ることが大前提。出たら出たで、初球、遅くても2球目までに盗塁することが、当時の西本幸雄監督から義務づけられていた。

「すぐいかないと、セーフでも怒られるんですよ。『はよ走らんかい！（2番打者の）大熊（忠義）がしんどいやろ！』って。2つ続けてアウトになったり、3つ続けてアウトになったりしたら、熱出ましたわ。悔しくて。知らん顔してましたけどね、今度いくときに『いけるかな』ってちょっと弱気になるんです」

40歳までの現役生活を支え続けた脚力の衰えを、福本は引退するまで感じたことがない。ベテランと呼ばれる域に達しても、練習ではインターバルトレーニングを取り入れ、短距離ダッシュを飽きることなく繰り返した。「そこそこ速い人は急にガタッとはこない」が持論。イチローも同じだったのではないかと推測する。

「（イチローの脚力は）あんまり落ちてないですよ。俺は、少しくらい落ちても、『もっと遅いヤツいっぱいいるじゃん』と思ってましたもん。インターバルが好きだったから、常に走っていた。それをパタンとせんかったら、筋肉が弱るでしょうけど。イチローはそういうトレーニングをわかりながら、ちゃんとしていたんだと思う。だから急には落ちない。筋肉ももともと、強いですからね。

手入れもしていたんでしょう。俺は手入れしてなかったんで。『風呂に入ったら治るで』と言っていた。ただし、熱い風呂に入って体を温めて、体重の軽いトレーナーに、太ももの裏側を踏んでもらっていた。それだけなんですよ。1分から1分30秒。マッサージはしなかったんで、それが治療になっていたんだか、なにもケアせんかったからよかったのか……」

チームの若返りで押し出された福本とイチロー

福本40歳、イチロー45歳。誰にでもいつかは訪れる引退を決める瞬間は、どちらも後世に語り継がれるドラマチックなものだった。イチローは日本凱旋試合となった東京ドームでのアスレチックス戦後に会見を開いて現役引退を表明したが、サプライズという点では、福本のほうに軍配が上がる。

88年。西宮球場での最終戦は、通算284勝を挙げたエース・山田久志の引退試合として、またオリックスへの売却が決まった阪急ブレーブス最後の試合として開催された。試合後、挨拶に立った当時の上田利治監督は「去る山田、そして残る福本」と言うべきところを、「去る山田、そして福本」と言ったという伝説がある。これに驚いたのが、ファンやメディアだけでなく、当の福本本人。引退する気などさらさらなかったからだ。

「まだやれると思っていたんですよね。それが、山田の最終戦でね、『今日でやめる山田、そして福本』とついでにやめさせられて。言い間違えたことになってはいるけど、監督はわかっていたと思う。あの人は、そんなことを間違える人じゃない。どんなに長いスピーチでも覚えている人ですからね。こんなん絶対に間違えることはない」

しかし、騒ぎ出したメディアに囲まれ、福本は「監督が言うてしもたもんはしゃあないがな」と引退をあっさり受け入れた。オリックスは新球団への移行を機に、チームの若返りを図りたかったのだろう。頭の回転が早い福本は瞬時にすべての状況を察し、憎まれ口を叩くことなく「だって（引退を）取り消すのも邪魔くさかったもん」のひと言で丸く収めてしまった。

「本当はもう少しだけやりたかった。ちょっと悔しかった。あと50個くらいは盗塁してやめたいと思っていたから。まだ3、4年はいけたと思うからね。

メジャーも若い選手をつくらなきゃいけないわけだから、（イチローは）チームの若返りで押し出されてしまった。（打席に）立っていれば、メチャクチャはできなくても、まだそこそこはできますよ。ずっと試合に出ていれば、絶対にできますよ」

ほろ苦くも懐かしい過去があるからこそ、テレビに映るイチローのフィナーレは清々しいような、うらやましいような、なんとも言えない複雑な気持ちで見ていた。「メジャーが日本に来て、野球して、イチローを引退へずっと持っていく。絵に描いたような展開に、みな、ある程度わかったんとちゃう？　日本のファンに見せて、ものすごくきれいな終わり方。最高やったんちゃいますか。俺はああいうのがなかったから。『引退しろ！』だから。『ついでにやめろ！』で、『ああ、そうか』だから」

あの年までやる、あの数字を残すのは、無理ですよ

そう笑った福本とイチローの共通項に、国民栄誉賞の辞退もある。これまで2度の打診を辞退していたイチローは、引退表明した直後の3度目も固辞。福本も、83年にルー・ブロックの持っていたメジャー通算盗塁記録を抜く939盗塁を達成して、表彰の対象になった。しかし、当時のメディアは「立ちしょんべんができなくなるから」との理由で、福本が辞退したと報じた。

「あれは最後の最後に言ったんですよ。『朝まで麻雀して、帰る時に立ちしょんべんもできないやんか』って。俺は、国民の見本になる自信がない。自分の行動に自信が持てないから要らんで、と説明した。大きな重たい賞やで。なんでもかんでも、『はい、そうですか』と受けるわけにいかない。自分だけやないから。親や家族も

関係あるから。悪いことをしたら、みなに迷惑がかかる。だからお断りした。いまでも、もらわんでよかったと思ってます」

同じ球界の王貞治、衣笠祥雄が受賞していた栄誉賞の辞退に、身近な人たちからは反発の声があがった。それでも「すみません」とだけ頭を下げて意志を貫いた。先輩たちの栄誉を汚したくない一心だった。

イチローの真意まではかりかねるが、福本は3度の同賞辞退からもイチローのすごみを感じ取っている。

「1回いらんと言ったら、2回目も3回目も。理解はできる、あの頑固さは。練習にしても徹底してやるから、すごいよね。簡単に終わらず、自分が納得するまでやるから。でないと、技術とか、あそこまでできませんよ。もうあんなのは出てこないですよ。10年、20年は出てこないですよ。あの年までやる、あの数字を残すのは、無理ですよ」

現在(19年)、71歳になった福本は、野球解説者として活躍するかたわら、仲間との草野球を楽しんでいるという。

「面白い。言うとったやろ、イチローも。なにも考えんと草野球をやりたいってね。プレッシャーないからね、打たんかっても。だから楽しいだろうね。結局、イチローも毎日プレッシャーがかかるなかでやってきたわけやから。草野球は打たなくても、自分が楽しけりゃそれでいい。自分がプレーすることが楽しいわけやから。俺も『走れ走れ』言われて、『足がつるわ!』って。それが楽しいんやな」

イチローは引退会見で「1994年、3年目ですね。仰木監督と出会って、レギュラーで初めて使っていただいたわけですけども。この年までですね、楽しかったのは。あとはその頃から急激に番付を上げられちゃって、それはしんどかったです。やっぱり力以上の評価をされるというのはとても苦しいですよね」と話した。今後は、一流選手の宿命ともいえる〝重荷〟を下ろした後輩・イチローに「野球そのものの楽しさをとことん味わってほしい」と先輩・福本豊は密かに願っている。

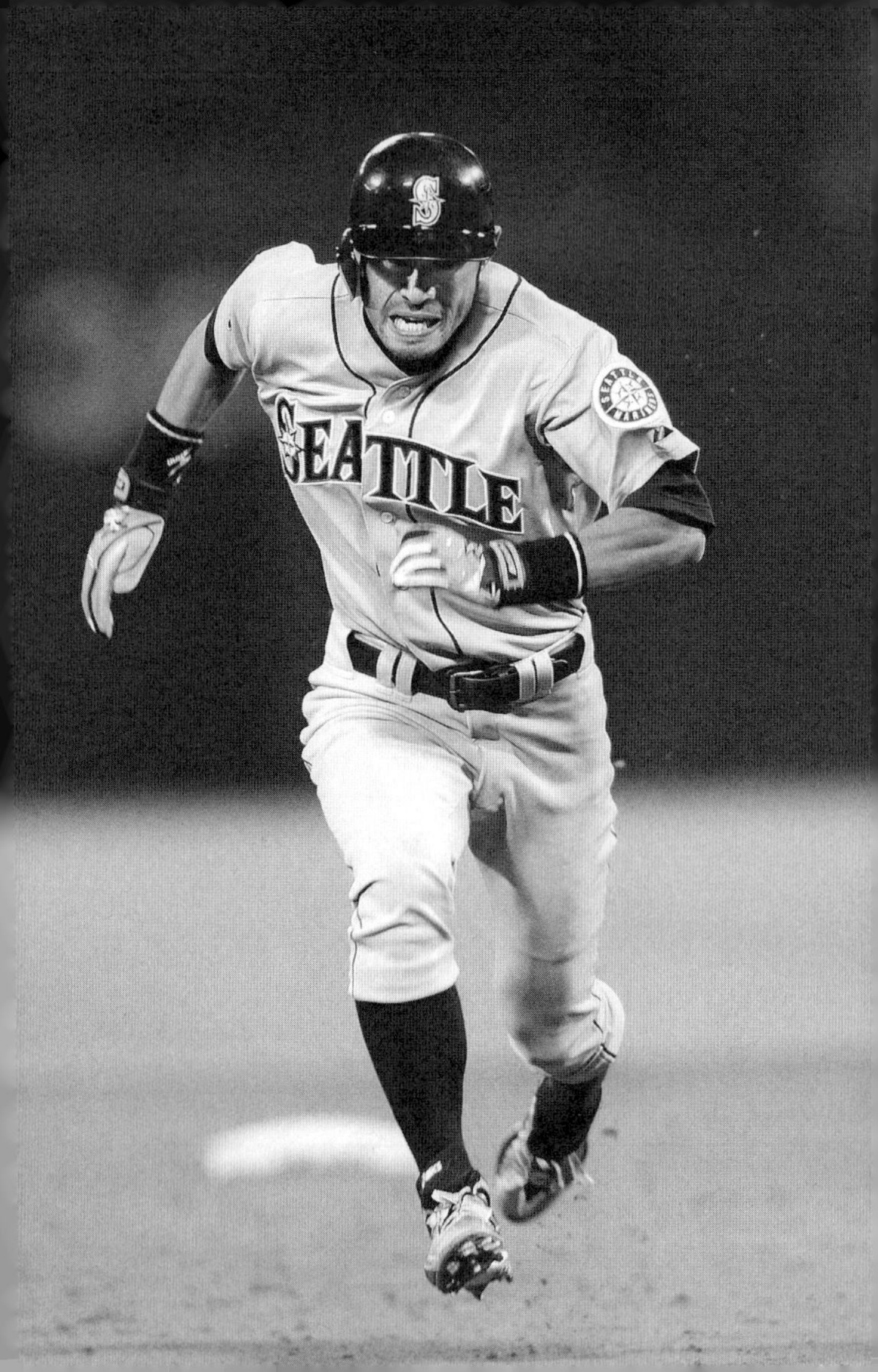
SEATTLE

「イチローは『あえて盗塁数を抑えていたんです』と教えてくれた」

大ファンだった中日の〝ミスタードラゴンズ〟

立浪和義

たつなみ・かずよし●1969年、大阪府生まれ。PL学園時代に春夏の甲子園で全国優勝。87年のドラフト1位で中日ドラゴンズに入団。1年目から遊撃手のレギュラーとして活躍。第三代ミスタードラゴンズ。通算487二塁打はNPB記録。ゴールデングラブ賞5回獲得。2009年現役引退。22〜24年、中日監督。現在は野球評論家、解説者として活動。

取材・文●酒井敏朗

イチローが地元愛知にいた幼少時代からファンで、高校時代は入団を目指した中日ドラゴンズ。そんな中日で攻守に卓越したプレーを見せ、長らく中心選手として活躍した立浪和義。愛知から世界に羽ばたいた天才イチローを〝第三代ミスタードラゴンズ〟立浪は、プロの目でどう解説するのか。

「初めてイチローのことを知ったのは、愛工大名電の時代です。当時、僕はもうドラゴンズにいて名古屋でしたからイチローの名前だけは知っていました。でも、まだ騒がれるような存在じゃなかった。ドラフトでも1位候補じゃなかったですよね（オリックス4位）。

実際にこの目でイチローを見たのは、彼が初めてシーズン200安打を打った1994年のオープン戦だったと思います。彼が二塁打を打ったんですが、僕はちょうどその時にセカンドを守っていたので、そこで彼が挨拶してくれてね。その時に初めて話をしたんです」

子供の頃から中日の大ファンだったイチローにとって、ミスタードラゴンズ・立浪は憧れの選手だったのではないか。

「それはわかりませんけど、とにかくセンスがいいバッターだなと。同じ左バッターだったのでよくわかるんですが、球を打ちにいく時に、左バッターというのは体が早く右方向に開いてしまうんです。イチローも振り子打法では、体が前に出るので、大丈夫かなと思っていたんですが、体重移動が軸をずらさないで、ゆっくりなんですよ。体重移動が大きいし、ボールを待てるから、フリーバッティングではものすごい飛距離が出るんです。

ただ実戦では、速い球に対しては体を前にして距離を詰めて打つので、長打は少なかったですね。また、ゆっくり体重移動をするからストレートを待っていて変化球が来ても彼は拾えるんですよ。

唯一の弱点といえばインハイ、内角高めの速い球ですね。95年の日本シリーズでは、野村監督に徹底的にインハイを攻められて苦しんでいました。イチローが距離を詰めて打つのを見て、野村さんは考えられたんでしょう。それでもイチローの場合はトップからバットを出すのが速いので、ファウルで逃げたりもできるわけです。それに失投を見逃さないしね」

メジャーに行ってからも進化し続けたイチロー

一般的に考えると、イチローの体脂肪のない筋肉質な細い体つきは、ケガをしやすいように見えるが、立浪の意見は違った。

「イチローは柔軟性が素晴らしかった。柔軟性がいいとケガはしにくいですよ。それと彼は太らなかった。ずっとあの体形を維持していました。太るとケガをしやすい。

さらに彼は自分の弱点を徹底的にトレーニングで修正しながら、試合に備えていた。打席に入る前も、入ってからもすぐに柔軟体操をしていましたよね。準備を怠らない意識が高い。だから、45歳まで一線の現役でいられたんだと思いますね。もともと体が強かったというのもあるでしょうし」

イチローは打撃だけでなく、守って、走れる三拍子揃った万能の選手だった。プロの目から見て、いったいイチローの守備はなにが卓越していたのか。

「一番はやはり足が速かったことです。これは当然守備範囲につながりますし、あとは球際の強さですかね。そのフライは捕れるのか落ちるのかの見極めがすごい。外野のフェンス際でもうまかったですね」

そして、イチローの代名詞にもなった「レーザービーム」もある。

「肩の強さ、これは元ピッチャーだったことが大きいでしょうね。若干投げるモーションは大きめだったんですが、それをカバーする送球の速さが素晴らしいし、コントロールもよかったです。イチローはメジャーに行ってからも進化し続けました。とくに打撃は向こうの環境に合わせて、フォームを微妙に変えていました。もともと動体視力が人よりよかったんでしょうね。そのせいか、メジャーに行ってから、体重移動を前に持ってくる距離をちょっとずつ少なくしていきましたよね。タイミングの取り方も、日本にいた時の振り子のように足を大きく振り上げなくなりました。動作を小さくしましたよね。それは、メジャーの投手は球が速いのでその対策をしたんでしょうね。その環境に順応するために常に考えてやっていったんだと思います」

イチローがメジャーに行った時期は、日本でも名の通った超一級の投手が揃っていた。ロジャー・クレメンス、ペドロ・マルティネス、ランディ・ジョンソンのような剛速球投手に、精密機械といわれたグレッグ・マダックスもまだ現役だった。イチローはメジャーで生き残るために、彼らの球を打った。立浪は言う。

「あれだけの一流の投手たちを打ち崩さないとメジャーでは評価されないし、生き残れない。それには想像できないほどの努力の積み重ねが必要だったでしょう」

打撃でいちばん重要なのは〝間〟の取り方

立浪は、2012年3月20日、21日に日本で行われたマリナーズ―アスレチックスのメジャー開幕戦（東京ドーム）で解説を務めることになり、この時、イチローとじっくり話す機会を得たという。

「イチローはすごく明るい青年で、気さくな感じでした。いろいろ話しましたよ。いい機会だったので、彼に『バッティングでなにをいちばん大切にしているのか』を聞いたんです。『いろいろあるけれど、いちばん大事なことは、左バッターだから、足を上げてステップする時に、右足を地面につける時間をゆっくりにすること』だと。

解説すると、そのゆっくりにした時間で、来るボールを探すわけですね。その右足が淡白に地面につくと、一定の場所にしか対応できないけど、うまくつけると、その時にボールを見極められる。これが、野球でいう〝間〟っていうヤツです。だから、この間が長ければ、ボール球を振ることも少ないし、ストレートを待っている時に、変化球が来ても、対応できるんです。引っ張るつもりでいても、来た球次第で流すことも可能なわけですよ。

感覚の問題でもあるんですが、調子のいい時はたしかにできるんですね。イチローのようにそれが可能な選手というのは、やはり軸足に体重が乗っている時間が長いからボールの見極めができて、対応できるんです。それにボールを打つまでの速さがありましたし、バットコントロールもよかったですよね。

ボールにバットを当てるということも、感覚なんです。これはもう才能なんですよ。普通、バットにボールが当たるところまで見てられませんからね。140キロのボールを打つには1、2の3、じゃなくて、1、で振らないと当たりません」

イチローは足も速かった。走塁も素晴らしかった。盗塁王にもなった。

「これは5、6年前に彼から直接聞いたんですけど、もう少し走れる（盗塁ができる）んだけれど、走りすぎると常にそれを求められるので抑えていたんだと。50回走れば翌年もそれに近い数字を期待されることになる。それが嫌なんだと。たしかに毎年盗塁王を求められたらつらいですよね。走るということは、ケガをするリスクを考えると大変ですからね」

最後にイチローの引退について問うと、「それは仕方のないこと」と立浪は言う。

「若手が育ってきているというチーム事情もあるし、イチローは絶対に殿堂入りしますから、マリナーズは所属選手として殿堂入りさせたかったのかもしれない。あれだけメジャーで活躍したら、日本球界に復帰する選択肢はなかったのかもしれないですね。

僕の目から見て、イチローという存在は日本野球界にとって、僕らの子供の頃に見ていた長嶋さんみたいなものですよね。実績だけを見れば、長嶋さんを超えて世界トップレベルの選手です。日本の野球界を盛り上げてくれたのはもちろんですけど、日本だけのイチローじゃないですよね。世界中で、イチローを見て、野球を始めた子供たちもいるだろうし、憧れたり目標にしたり。

メジャーという舞台を夢見る選手たちをつくったのもイチローだと思います。そういう意味で、イチローの、日本の野球界に残した功績は、計り知れないほど大きいと思いますね」

ORIX
75

「もしイチローと対戦したら不愉快な思いをしただろうね」

イチローを叱った「サンデー兆治」

村田兆治

むらた・ちょうじ●1949年、広島県生まれ。67年のドラフト1位で東京オリオンズに入団。「マサカリ投法」と称される独特のフォームと、落差の大きいフォークで、パ・リーグを代表する先発ピッチャーとして活躍。最優秀防御率3回(75年、76年、89年)、最多勝1回(81年)を獲得。肘の故障による手術からの復活後は「サンデー兆治」と呼ばれ人気を呼んだ。90年の引退後は離島の子供たちに野球を教える活動に注力。2022年、死去。享年72。

取材・文●酒井敏朗

〝マサカリ投法〟で通算215勝を記録した村田兆治は、引退試合でも140キロの速球を投げ、完封勝利。シーズン2ケタの勝利をあげ、有終の美を飾った。余力を残しての引退であった。当時、村田は40歳を超えていたが、45歳まで現役を続け、今年（2019年）3月、惜しまれながら引退したイチローをどう思うのか。

「最初にイチローの名前を聞いたのは仰木彬監督からだったと思います。『体は細いんだけど、いい素質を持った若いのがいるんだ』と言うんだけど、私はまだ目にしたことがなくて、それから、体つきは華奢だけど、よく打つ新人がいるという話があちこちから聞こえ出してね。ちょうど私が現役を終えた（90年）あとにイチローはプロ入りしたから対戦経験はないんだよね。

プロの投手から見て、いちばん怖いバッターってわかりますか？　決してホームランバッターじゃないですよ。それは、三振をしないバッターなんです。イチローのすごさって、実は三振の少なさだと僕は思う。たとえば投手が低めにストライクぎりぎりで投げ込むよね。かなりの確率で内野ゴロに打ち取れるんですよ。ところがイチローはそんな低めの球でも、ヒットにできるし、最低でもカットしてファウルにできる。過去にこんなバッターはいませんでしたよ」

この非凡な打撃技術は〝振り子打法〟によるものだと村田は言う。

「振り子打法は、バットと一緒に頭が動かない。つまり重心がブレないんですよ。

だから難しい球でも当てることができる。僕はNHKの番組に頼まれて、投手から見て、イチローの〝すごさ〟はなにかという解説をしたことがあるんです。その時に、足が速いことと守備がうまいこと、そして打撃ではヒットを打つことよりも、三振しないことをあげましたね」

イチローの野球哲学を理解してくれた仰木監督

もし現役時代にイチローと対戦したら、きっと不愉快な思いをしただろうと村田は笑う。

「ゴロを打たせて、打ち取ったと思っても内野安打になる。それで塁に出て、次は盗塁して、二塁、三塁まで行ってしまう。こんな腹の立つことないんですよ。まあ、この部分は〝世界の盗塁王〟の福本（豊）さんの時にも経験したけど、明らかに打ち損じた打球で内野安打になるなんて、こんなバカな話はないよね（笑）。

あのね、体の大きな強打者に勝負を挑んでホームランや長打を打たれることは怖くないんだ。自分で納得できるから。やるか、やられるかの勝負だからね。でも、イチローみたいに打ち取ったと思った当たり損ないの打球が、内野安打になるなんて、投手としては納得できませんよ。クリーンヒットを打たれた時もね、シングルかなと思っていたら、セカンドまで行く、二塁打かなと思ったらサードまで行ってますからね。これは嫌なバッターだったろうと思います（笑）」

投手にとって嫌なバッターは、要するにいいバッターだと村田はつけ加えた。また、若い頃からイチローには独特の野球哲学があったともいう。

「イチローの野球哲学は独特でね。そのせいか1年目は1軍になかなか行けなかった。当時の監督は土井正三という巨人のV9選手でね、細かなミスも許さないというやり方だった。ある試合でイチローは、9回裏4点差で負けている時に一塁に出て、そして盗塁し、アウトになった。土井監督は怒った。でも、考えてみると、4点差なんだからヒット1本ぐらい出ても試合には負けてしまう。でも自分が盗塁し二塁に行くことで、投手が心理的に崩れるかもしれない、ほかにもいろんなことが起きるかもしれない、ということをイチローは考えて盗塁したわけです。イチローはきちんと状況を土井監督に説明したそうです。この盗塁は失敗したけれど、そういう意味がいくつもあったんだと。でも土井監督は聞き入れなかった。

そういうイチローの野球哲学に耳を傾けたのが、次の監督になった仰木さんだった。仰木さんは、失敗してもそれを状況説明して自己分析できるヤツは伸びるって思ってたんですよ。これでイチローにチャンスが回って来た。たしかに監督が仰木さんだからよかったというのも大きい。ほかの監督だったら『なに言うてんねん。こんな時は一塁ベースに張りついとけや』って言われて、二度とイチローを使わなかったかもしれない。

これは土井さんが悪いんじゃなくて、イチローが入団した当時のオリックスは、まだ未完成のチームだったから、土井さんは、ミスのない野球を浸透させる役割を担っていたんだよね。プロの世界で生き残るには、きれいごとや従順なだけじゃダメ。周りから好かれていてはダメですよ。よく監督や社長が『部下の行動は全部私の責任です』なんて言うけれど、実際に責任を取る人なんてごく一部ですから」

村田は、プロの世界で生き残っていくうえで、本人が努力するも諦めるも自由だと言う。

「出番がないからといって腐るも腐らないも本人次第です。でも、努力して、他者から認められるようになったら――この選手が出るということは勝ちにいってるな――というような信頼が生まれるわけです。そうなれば自然と数字も残せるようになる。なかなか1軍に定着しなかった時期も、イチローは決して腐らなかったよね。打てないなら打てる方法に、研究に研究を重ねて、先輩やコーチからも素直に意見を聞いた。それがあの振り子打法の誕生だったんだと思いますね」

日本の野球を世界に知らしめたイチロー

イチローがシーズン200本安打を達成した94年以降、他球団の投手たちは、まずイチローを打ち取ることを考えて、全力勝負で挑むようになった。現役時代の村田も相手チームの一番の強打者には全力で勝負を挑んでいた。一番の強打者を抑えることができて初めて、監督・スタッフ、チームメートから信頼を得ることができたという。

「そういう意味で、イチローは狙われるよね。〝イチローですら打てないんだから〟という雰囲気を相手チームにつくれたら、その試合はもう負けだからね。でも、イチローは抑えられたら、必ず次の機会か、そのまた次の機会には打っていた。自分がチームに与える影響、自分の立場をよく理解していたよね」

直接イチローから聞いた話で驚いたのは、イチローは中学の時からずっと、1年365日、毎日素振りを欠かしたことがないっていう。これには驚きました。これまでも練習が好きな選手というのは結構いたけれど、イチローほどじゃないよね」

イチローの野球に対する姿勢を大いに評価する村田。しかし一度だけイチローに怒ったことがあるという。

「怒ったというより、注意したんだ（笑）。ある年のオールスター戦のテレビ解説を私がすることになって、彼と会った時にすごくラフな格好だったんです。それで僕は『こういう時はきちんとした服装で来なさい。君のことを全国の野球少年たちが見ているんだからね』と言ったんだ。彼は謙虚でね、素直にわかりましたって言ってくれましたよ」

一流の選手は年が若かろうが総じて謙虚だという。余談だが、村田が成田空港のトイレで小用を足していた時に、ダルビッシュ有が入ってきた。そこで村田に気づいたダルビッシュは直立不動で、『日本ハムのダルビッシュです！　はじめまして！』と大声で挨拶したという。

最後にイチローが日本野球にどのような功績を残したのか、村田に聞いてみた。

「それはもう、日本の野球を世界に知らしめたことが一番ですよ。投手では野茂英雄、野手ではイチローがメジャーで素晴らしい実績を残しましたからね。

そして、実力さえあればメジャーにだって行ける、成功できるんだという夢を、日本の野球少年たちに与えましたよね。この功績は大きいね。ある意味、日本の野球を変えたと思っています」

第5章
原点——鈴木一朗の素顔

酒 は

Meiden
愛工
7
日刊スポーツ

「子供時代、参考にしたのはゴルフの岡本綾子さんの打ち方」

鈴木宣之《チチロー》

すずき・のぶゆき●1942年、愛知県生まれ。イチローの実父で、〝チチロー〟と呼ばれる。「オフィス・イチロー」代表。東海高在学中は外野手として野球部に在籍。3年時に夏の愛知県大会ベスト4進出。70年、機械部品製造会社を創業。イチローの小学生時代は、帰宅後の野球練習に毎日付き添った。著書に『父と息子―イチローと私の二十一年』『息子イチロー』『大リーガーイチローの少年時代』(ともに二見書房)などがある。

取材・文●福田晃広(清談社)

「引退したことにショックはまったくない。よくここまでやってきたなっていう気持ちが断然強いし、記者会見を見ていて、少年時代の光景がバーっと頭の中に浮かびました。あんなに細くて、小さかった子が一生懸命大好きな野球に打ち込んでいた姿が脳裏に蘇ってきたね」

そう語るのは、〝チチロー〟こと、イチローの父・鈴木宣之氏。２０１９年3月20日、21日のアスレチックス戦は、東京ドームのバックネット裏で観戦し、最後の雄姿をその目で見届けた。

「試合前に弓子さん（イチロー夫人）から、『今日の試合かぎりで引退します』と直接聞きました。私もおそらく、日本での開幕2試合が引退の花道になるのではないかと予想していたので、『来るべき時が来たな』という心境でしたね」

イチローが小学生の頃、毎日マンツーマンで野球の練習をしていたことは有名な話だ。宣之氏は当時をこう振り返る。

「いまでも鮮明に覚えていますが、小学校2年生の終わりにイチローと男の約束をしたんです。『3年生になったら、ビッチリ毎日野球するぞ。約束守れるか。嘘ついたら針千本飲ます』って言ってね。そうしたら、イチローは『ぼく、やる』って言うもんだから。そこからがイチローの野球人生の始まりですね」

イチローは一度たりとも約束を破らなかった

イチローが通っていた愛知県豊山小学校には野球部がなかった。そのため、豊山町にあるスポーツ少年団に小学校3年生から入ることにした。そのチームには宣之氏がかつて野球をやっていたことを知る人がいたこともあり、一緒に監督として入団することになった。

ただ、このスポーツ少年団の活動は、毎週日曜日の朝9時から正午までの時間のみ。野球がどうしてもやりたいイチロー少年のため、宣之氏は仕事のかたわら、放課後の午後3時半頃から日が暮れるまで毎日、家の近くにあった町営の伊勢山グラウンドで野球をするようになった。

「小学校の丸4年間、イチローは一度たりとも約束を破らなかった。私も、自分の口から『約束を破るなよ』と言ったわけだから、絶対に守らないといけない。嘘をつくことは人として、やってはいけないことですから。当然仕事をやりながらなんとか時間を工面して、でしたから結構大変でしたよ。これは決して、自分一人ではできなかったことで、家内や（経営する）工場のパートさんの協力があってこそ。感謝してもしきれません」

小学生時代は毎日、二人三脚で野球をし続けた。練習は4年間、毎日同じメニューだった。軽いキャッチボールから始まり、50球前後のピッチング。次はティーバッティングを約200球。それが終わったら、内野ノック、外野ノックをそれぞれ50球、最後にフリーバッティングという流れだ。

ただし、宣之氏は学生時代に野球経験はあったものの、技術的なことを事細かく教えることはしなかった。

「野球を少しやってきたとはいえ、詳しいことはよくわからないからね。ただ、私も選手時代、足はそこそこ速かったんですが、右バッターだったから一塁で間一髪アウトが何回もあって、悔しい思いをしたんです。だから、イチローには2歳の時、初めてバットを持たせて、まず左で構えをさせました。

あと技術的なことで参考にしたのは、当時ゴルフの女子プロで活躍されていた岡本綾子さんの打ち方。つまり、頭をしっかり残したうえで、下半身を使い、体全体で巻くように打つ、ということ。それが唯一教えたことです」

結果的にこのバッティングフォームを高校まで続けたイチロー。小学校3年生でスポーツ少年団に入団し、上級生との練習試合でもヒットを打ちまくった。すでにチーム内でずば抜けた存在となり、3年生ながら5年生までの新人戦にピッチャーとして出場し、上級生と互角以上に勝負ができた。宣之氏によれば、5年生のなかに入っても、ひけを取らないコントロール、スピードのある球を投げていたという。

「小学3年生から本格的に少年野球を始めて、すぐに我が子ながら、ほかの子たちと全然違うことに気づくわけです。私の小学校時代とくらべても、まるでレベルが違う。なので、イチローが4年生になる頃には『このまま練習を続けて、技術をもっと磨けば、きっとプロ野球選手になれるぞ』とくどいほど言い聞かせていました。そのぐらいほかの子たちとの実力差が圧倒的でしたから。だから、本人もやる気満々で楽しそうに野球をしていましたよね」

実際、イチローは6年生の時に「夢」と題した作文を書き、一流のプロ野球選手になると書き残している。

監督を務めていた宣之氏は、ほかの子たちとくらべて、イチローの技量がかけ離れていたため、指導もやりやすかったと語る。

「豊山町スポーツ少年団に入って、1年が過ぎた時、ほかの子の親御さんから『鈴木さん、イチローくんのチームから離れてください』と言われたことがあり、『どういうことですか』と問い直したのです。すると、『以前も鈴木さんと同じように自分の息子を見ながら指導した人が何人もいたんですが、そういうお子さんはみんなうまくいかなかった。だから、心配してるんです』と。

その人は、私とイチローのことを心配してくれていたわけですが、『私はイチローを自分の手で納得いくように指導したいんです』と大変申し訳ないけど、お断りさせていただきました。ほかの子たちも私の言うことを素直に聞いてくれましたから。つまり、イチローがこれだけうまいから、その父親の言うことも信用されていたわけです」

イチローの練習を見ることがなによりも好き

実はイチローがスポーツ少年団に入った時、保護者の方から、「鈴木さん、全国大会に行けるようなチームをつくってくれませんか」と頼まれていた。

「恥ずかしながら、それまで少年野球の全国大会があるとは知らなかったのですが、イチローが6年生になるまでに、全国大会出場を目指しました。そして、その目標通りイチローが6年生の時、見事全国大会まで行きましたから、結果的に私の指導は間違ってなかったと思っています」

父親が監督で、息子が選手の場合、ほかの子供たちと能力の差がそれほどないと、保護者から「えこひいき」だと思われ、なかなか我が子をレギュラーにしづらいという。ただし、宣之氏とイチローのケースでは、その心配はまったくなかった。そのうえ、チームを全国大会まで導くという実績も残した。

イチローが中学生になると、以前のように2人で野球をすることはなくなったが、宣之氏は毎日、練習を見に行っていたという。

「中学の3年間、小学校の時と同じ15時半から練習が始まるので、練習を見続けましたね。最初は、２、３年生と比較して、体格差が歴然としてありましたけど、イチローがボール拾いや練習をしている姿を見るだけで楽しく、満足でした」

しかし、中学校に入学して１週間後、宣之氏は、イチローに「お父さん、もう見に来ないで」とはっきり言われてしまった。

「おそらくですけど、監督や先輩に言われたと思うんですよ。でも、私は『ちょっと待て』と。『小学生の時、ずっとマンツーマンでやってきて、中学でどう進歩するのか、イチローの練習を見ることがなによりも好きなんだ』と正直に言いました。『だから、毎日見に行くぞ』と言ったら、もうそれから見に来るなとは二度と言ってこなかったです。私の気持ちをわかってくれたとは思いますけど、これも口にした以上、本当に一日も欠かすことができなかった。毎日必死だったけど楽しかった」

自分が発言したこと、約束は必ず守る。毎日、練習を見に行く宣之氏も想像以上に過酷だったはず。宣之氏はただ練習を眺めるだけで、アドバイスはしなかった。

「小学校までは多少の指導はありましたけど、中学からは監督さんにお任せしていました。私が口を出すと、絶対いい気持ちにはならないですから。学校の練習が終わって、バッティングセンターに行った時は、ちょっと助言することはありましたけどね」

名電に行かなければプロに入れなかった

豊山中学時代、イチローが3年生の時に全国大会3位まで勝ち進んだ。2年生頃から高校のスカウトの存在が気になり始め、最終的に進学することになる愛工大名電以外にも享栄、東邦など愛知県内の名門校や、大阪のＰＬ学園など、県外の強豪校からも勧誘された。そのなかで愛工大名電を選んだのは、野球部が強いのはもちろんのこと、中村豪監督がこれまで11人のプロ野球選手を輩出している点が決め手となったという。

「高校3年間の寮生活はつらかったと思いますけど、いちばん心配していた体力向上にとても役立ったはずなので、名電に行ってなければ、プロに入れていなかったかもしれません」

宣之氏は中学時代と同様、高校でも15時半から始まるイチローの練習を見るために自宅から20分ほどかけて、愛工大名電高校のグラウンドに毎日通い詰めた。つまり、宣之氏は中高の6年間、15時半から仕事をせず、練習する我が子をただじっと見守り続けたのだ。

「中学校と同じく、名電に行くと決めて、中村監督に『イチローをプロ野球選手にしてください』とお願いした以上、絶対邪魔はしないと心に誓いました。すでに私がアドバイスするようなレベルでもなかったですけどね」

イチローの子供時代から変わらず、プロ野球選手になってからも可能なかぎり、試合に足を運び続けた宣之氏。今年（19年）をもって、愛する息子・イチローが28年間のプロ野球生活にピリオドを打ったわけだが、野球というひとつの道に突き進んでくれたことがなによりもうれしいことだと語った。

「子供の時からのプロ野球選手という夢を叶え、28年間も野球に専念して数々の名プレーを見せてくれたことがなによりも最大の親孝行。引退後はなにをするのかわからないけど、人生の第2章に入るわけだからね。ここまでせっかく築いてきたものを、なんらかの形で世の中の人のために尽くしてほしいというのが親の気持ちです」

宣之氏のインタビューから数週間後、イチローはシアトル・マリナーズの会長付特別補佐兼インストラクターに就任することとなり、第二の人生を歩み始めた。

「ドラフト後、どうしても中日に入りたくて『大学に行きたい』と」

元「愛工大名電」野球部監督

中村 豪

なかむら・たけし●1942年、愛知県生まれ。名古屋電気高（現・愛工大名電）、愛知学院大、電々東海（現・NTT東海）で投手・一塁手として活躍。78年、名古屋電気高野球部監督に就任。20年間で甲子園は春2回、夏3回出場。81年、工藤公康を擁して夏の甲子園4強入り。97年に勇退。2002年4月から07年11月まで豊田大谷高野球部監督。06年、日本高等学校野球連盟の「育成功労賞」受賞。山﨑武司、イチローら多くのプロ野球選手を送り出した。現在は吉良高野球部アドバイザー。

取材・文●岡田剛（アンサンヒーロー）

教え子「一朗」はいつしか「世界のイチロー」となった。

名古屋電気高校（現・愛工大名電）野球部を20年間監督として率いた中村豪は80年代後半、ある中学3年生の噂を耳にしていた。

「すごいバッターがいるぞと。愛知は名門校ばかりだから、ほかの学校もみんな欲しがっていた。中3の時に170センチはあったかな。ひょろっとしていて、『これが噂の一朗か』と。すごい選手って、大概は大げさに言うんだろうけど、振りは相当鋭かった。目はらんらんとしていて、自信たっぷりな表情だった」

少年時代のイチローを知る76歳の名将が、記憶を手繰り寄せた。

勉強も野球部始まって以来の天才

15歳の鈴木一朗は野球もすごければ、勉強もできた。中学の成績はオール5に近く、中学の校長は東大も目指せるほどの逸材と見込んでいたようで、野球のための進学は反対していたという。

しかし、中村は一朗の父・宣之さんからあるお願いをされた。

「野球選手として育ててほしい。甲子園ではなく、プロになる選手として」

「よっしゃ。任せておけ」

指揮官は決意を固め、「一朗くんをお預かりしたい」と校長に伝えた。愛工大名電高にはスポーツ推薦ではなく、学業特待生で進学した。「勉強も、野球部始まって以来の天才」（中村）だったという。

愛知県内には中京、東邦など高校野球の強豪がひしめく。愛工大名電が選ばれた理由について「ひとつは型にはまらない、自由に野球をやれる環境があったからだと思う。もうひとつは寮生活を経験させたかったんじゃないかな。親子でそういう考えがあったんじゃないか」と振り返った。

当時の愛工大名電野球部は部員が50人ほどおり、寮生活で炊事、洗濯も自分たちでこなさなければならなかった。炊事は当番制で、ご飯は毎回8升炊いた。一朗にとって、いままで体験したことがない寮生活は人間として、野球人として成長するうえで必要な時間だった。

「自己管理もしなきゃいけないから、ここで覚えたんだろう。つらかっただろうけど、先輩たちとの共同生活を高校で体験できたのはよかったんじゃないか。でも、あの生活を思い出すのは嫌だって」

高校時代から偏食だったという。

「選手たちには『出されたものはすべて食べる』ようにさせたけれど、一朗は好きなものだけを食べて、嫌いなものは食べなかった。寿司はトロ、肉はステーキの上等なやつとか、牛タンが大好きだった。シイタケはめっぽう嫌いで、まったく食べなかった。シイタケはナメクジだって。どうしても食べなきゃいけない時があって、その時は泣きながら食べていた。スポーツ選手のなかには偏食の人もいるみたい。朝のカレーライス、おにぎり……体が丈夫だったんだろうけど、あれだけの選手になっちゃったら食べ物のこと言ってもしょうがない」

才能を見込んでいた中村は周りから潰されないよう、1学年上の捕手にボディーガード役を頼んだ。

「重要な戦力だ。潰してはいけない。一朗を守れ」

一方、本人は普段から物静かで、淡々と高校生活を送っていた。一匹狼のような存在で、チームメート、同級生ともあまり関わりがなかったという。だからこそ、周囲の雑音から守る必要があった。

初の甲子園、初戦敗退で始めたウエイトトレーニング

入部して約1カ月、当時投手だった一朗は長野県で行われた招待試合のマウンドに立った。結果は、失点を重ねて降板。いままでにない悔しさを味わった。

「1年生の5月、ゴールデンウィークの頃だった。松商学園と対戦して、一朗をピッチャーとして投げさせたんだよ。そうしたら打たれて。4、5点取られてノックアウト。こんな経験したことなかったから、相当悔しがっていた。家に帰った時、

よっぽどショックだったんだろう。お父さんに『やめる』と言ったみたいで。でも、この経験ができたことは、彼にとって大きなことだったんじゃないかな。高校野球は厳しいってことがわかったはず」

１年夏からメンバー入りしたが、試合に出場する機会はなく、新チームが発足した１年秋から本格的に試合に出場した。この時から左翼手になった。さらに、通学中の事故で足を負傷し、２年春まで練習復帰に時間を要したことも野手転向の引き金となった。

「自転車に乗っていて、車とぶつかった。車のボンネットの上に乗っちゃって足を痛めた。ピッチャーは普通走るんだけど、走るのが嫌いだったから自転車で通学していた。１、２カ月は松葉杖で練習ができなかった。投げさせれば１４０キロは出ていたけど、投げる時に変な癖がついちゃって、きれいな投球フォームが崩れた。打者として進む決断をした時期も、事故の時だったね」

ケガからの復帰後は、外野手のレギュラーとしてポジションを確立した。

「コンスタントに打っていた。『センター前に打てって言われたら、いつでも打ちますよ』って。４打数６安打でも打ってみろとか言って笑ったもんだけど。センターにはいつでも打っていた。打つためのポイントを持っていたんだろう。ＷＢＣで打った時も感動したな」

印象に残っている試合がある。1990年、夏の甲子園出場をかけた愛知県大会決勝戦だ。相手は稲葉篤紀を擁する中京高。2対2の同点だった3回表、2死二塁。二塁走者は稲葉だった。タイムリーを打たれ、打球は三遊間を抜けて左翼を守る一朗の元へ。本塁にスライディングで突っ込んだ稲葉を「レーザービーム」で刺した。

「あの時、稲葉が三塁からホームに走る姿を見て、送球は一呼吸遅らせていた。ホームでクロスプレーになって、主審のコールはアウト。稲葉はセーフだと思ってガッツポーズしていた。アウトになってセーフのアピールをしていた姿を覚えている」

5対4で中京を下し、一朗は初めて甲子園球場のグラウンドに立った。

1回戦の天理戦で第1打席に甲子園初安打を放った。しかし、試合は1対6で初戦敗退。この時、中村は結果以上に相手選手の姿に驚いた。

「体格が子供と大人だった。全然違った。相手は専属のトレーナーがいて、ウエイトトレーニングをしっかりやっていた。そんなことやったこともなかったから、カルチャーショックだった。これを機に、ウチもバーベルとか器具を揃えて、トレーニングを始めた。一朗もウエイトトレーニングが好きで、関心を持ってトレーニングしていた」

いまではルーティーンとして欠かせないイチローのウエイトトレーニング。最初の甲子園は、その後の「イチロー」をつくるうえで大きな経験になっていた。

どうしても中日に行きたくて「大学に行きたい」

初めての甲子園を経験し、身長は180センチほどに成長していた。2年秋から再び投手としてチームを引っ張った。

91年春の甲子園、一朗にとって2度目の甲子園はエースとしてマウンドに上がった。1回戦の相手は松商学園。1年春の招待試合で大きな悔しさを味わった試合と同じ相手だった。

一朗は9回まで投げ切ったが、結果は2対3で敗れた。8回に2死から四球で走者を出し、続く打者への初球が甘くなり、タイムリーを打たれて逆転を許した。打撃では5打数無安打。2度目の甲子園でも早々と姿を消した。

3年夏を迎えた一朗は、愛知県大会8試合で打率・643。決勝は東邦に敗れて、高校最後の夏が終わった。

「すごい打率を残して、『甲子園でやられるより、これでドラフトを待つ。これでいい』って。3年生に『甲子園行けなくて悪かった』と声をかけるくらい淡々としていた。自分では満足感があったみたい」

甲子園は春夏合わせて2回出場。いずれも初戦敗退だった。高校最後の夏は、甲子園のグラウンドにすら立てなかった。それでも挑戦は終わらない。目標は「プロ野球選手」だ。

3年夏の引退後も、後輩と一緒に練習を続けた。91年ドラフト会議でオリックス・ブルーウェーブ（現オリックス・バファローズ）から4位で指名を受けた。しかし、当初は入団を断ろうとした。

「一朗には『プロ野球＝中日』という考えがあって。お父さんも同じ。オリックスには、なじみがなかったから『そんなところは嫌だ』って。どうしても中日に行きたくて『大学に行きたい』って言い出したから、『それはいかんぞ。サッカーをやるわけじゃない。野球をやるんだから。必要だから指名してくれた。断らずに行くべきだ』と伝えた」

恩師の言葉を受けて考え抜いた結果、オリックスに入団した。プロ入り後数年間、毎年シーズンが終わると恩師の元を訪れていた。

「最初の4、5年くらい挨拶に来ていた。1年終わりましたって。いろいろ話していた。そうしたら人だかりができちゃって、今度はあいつの家に行った」

プロ野球選手になる夢を叶えた教え子は、メジャーリーグに挑戦し、世界的なプロ野球選手になった。

「プロで成功するくらいはやれると思っていたけど、あそこまでの選手になるとは思っていなかった」

遠投で山﨑武司は125メートル、一朗は128メートル

中村は、高校時代からプロを目指して野球に打ち込んでいた一朗を「求道者」と表現する。

「高校の時から独特なムードがあった。あいつが求めていたものは周りと違ったんだろうね。これから野球界にどう貢献するか見守りたい。解説者なんかじゃ済まないだろう」

監督の目に焼きついていたイチローの強肩は、先輩が打ち立てた最長不倒の記録を破った。

「3年生の時だったかな。遠投で128メートル投げた。ちょっとシュート回転して外れたけど。山﨑（武司）は125メートル投げて、あれは破られないだろうって言われていた記録だった。けど破っちゃった」

イチローは高校時代から人前で努力する姿を見せなかった。

「みんなと一緒が嫌だった。僕は反復練習が好きで、目をつぶってもできるくらいに練習させていた。それがイチローはすぐにできちゃって。苦痛だったみたい。みんなと一緒にはあまりやらなかった」

陰の努力は「幽霊伝説」を残すことになった。

「グラウンドが庄内川の堤防にあって、端のほうに墓地があるから夜中になると幽霊が出るって噂があった。堤防に行くと、幽霊が堤防の上を飛んでいったっていう話だった。幽霊の正体は練習をしていた一朗で、一人でバットを振っていたみたい。人に見えないところで練習することも彼の特徴。普段の練習を見ていた後輩から、『鈴木さんがあれぐらいの練習で大丈夫なら、自分も大丈夫だな』って言われるくらいだった。大丈夫なのは一朗だけ。陰で努力していたんだろう。バットを振っても、スイングのスピードがすごかったから」

イチローの努力家でクールな一面は、昔から変わらない。

「ひけらかさないで努力することが、あの子の美学だったんだろう。ホームランは、高校で何本も打ったけど淡々と1周してきた。飛び上がったりして喜ぶ子供たちもいるでしょ。あいつはガッツポーズもなかった。野球に対する考え方は周りと違っていた。野球が大好き。打ち方は派手に足を上げていなかったけど、体重移動はしっかりできていた。チャンスの時には、絶対センター前に打ってくれる。どのコースに球が来ても対応できて、当てることができるバットコントロールはいまでもすごい。凡退する姿はほとんど見たことがなかった」

野球が大好きな教え子の現役引退。恩師は、イチローから「一朗」に戻った45歳を穏やかな口調でねぎらった。

「50歳までやると期待していたからびっくりした。日本での試合予定も決まって、引退試合にするって予定していたんじゃないか。45歳、よく頑張ったと思う。最後の試合も見ていたけど、返球はよかった。あの世界でやりきったことがすごい。教え子として誇り。ようやったな」

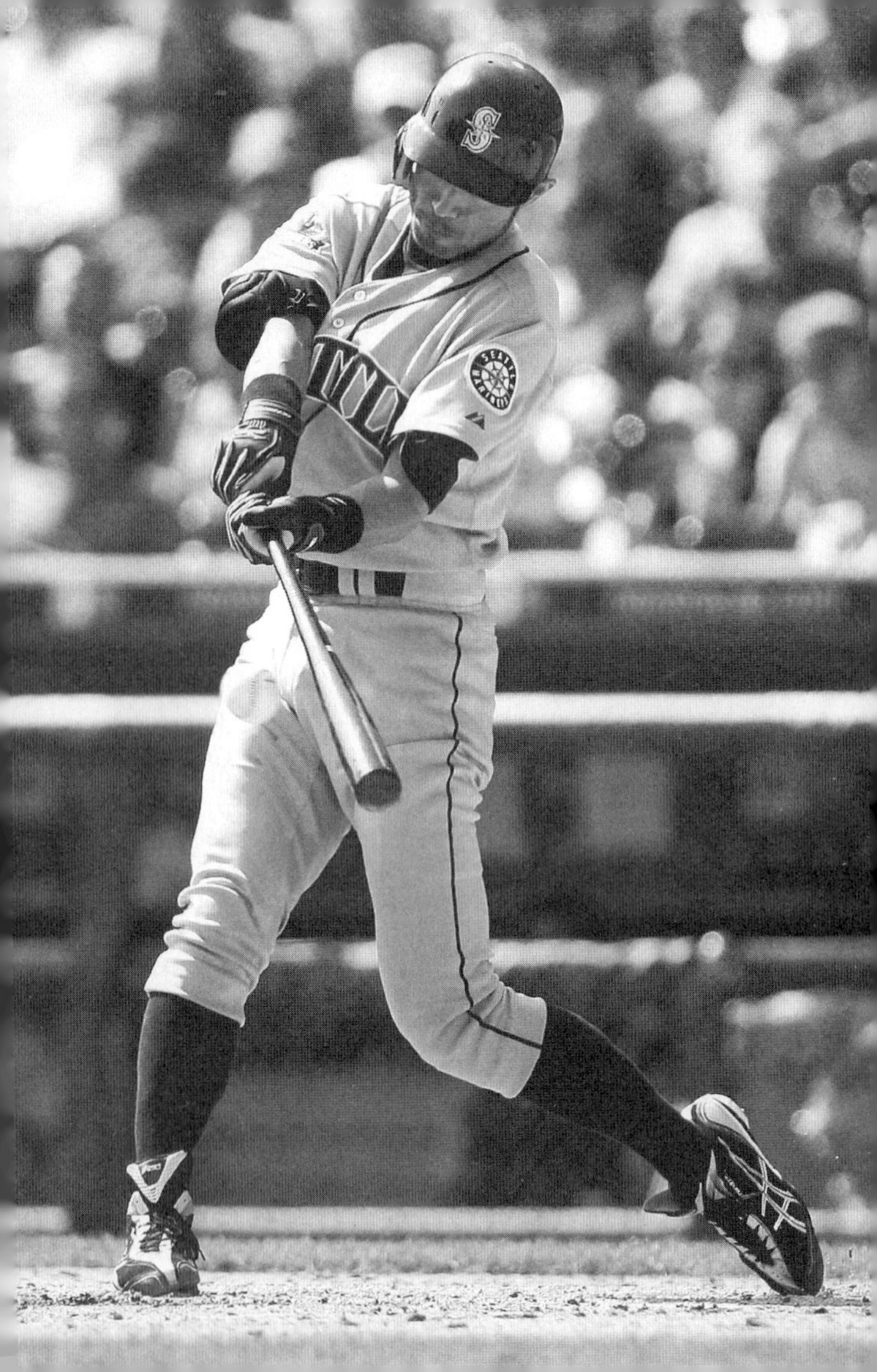

「いちばんすごいなと感じたのは常に変化していた打撃フォーム」

同期で甲子園のライバル

上田佳範

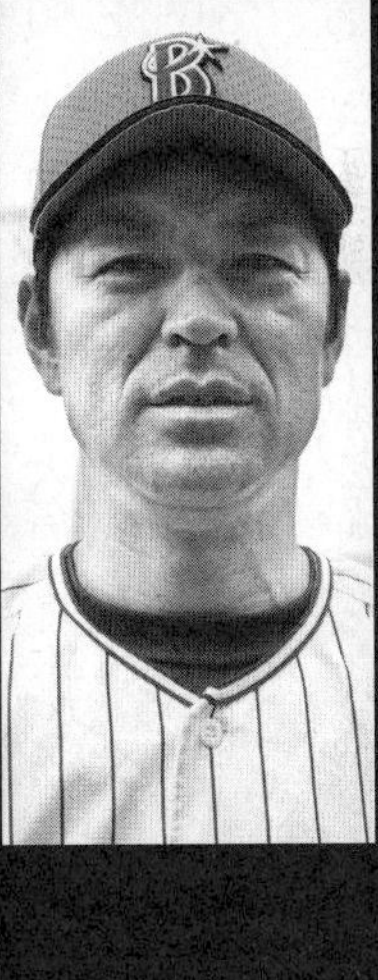

うえだ・よしのり●1973年、長野県生まれ。松商学園高ではエースとして甲子園に2度出場。91年のドラフト1位で日本ハムに入団。1年目に右肩を故障して投手から外野手に転向すると、強肩と俊足を生かした広い守備範囲で頭角を現す。97年には打率3割をマーク。2005年に日本ハムを退団後、中日の入団テストを受けて合格。08年かぎりで現役引退。09年から中日の外野守備走塁コーチ、打撃コーチを歴任。25年からDeNAの2軍外野守備兼ベースコーチ兼野手コーチ。

取材・文●平尾類（IMPRESSION）

世に名を轟かせたのは上田のほうが早かった。DeNA外野守備走塁コーチの上田佳範はかつて、長野・松商学園のエースとして甲子園に2度出場した。3年春は1回戦でエース・イチローとの投手戦を制して愛工大名電に3対2と辛勝。打者としても難敵だったイチローを5打数0安打と抑え込んだ。上田は2回戦以降も天理、大阪桐蔭、国士舘と3連続完封勝利を挙げ、35イニング連続無失点と抜群の記録を残し準優勝を飾った。3年の夏も準々決勝で松井秀喜を擁する星稜に2対3で惜敗したが、ベスト8に進出した。高校時代に世代の中心選手として活躍した上田に当時のイチローはどう映ったのか。

「最初に会ったのは1年生の秋ですね。その頃、松商学園と愛工大名電は春と秋に定期的に行き来して練習試合を行っていました。イチローが投げた記憶はないですが、2年の定期戦で僕が投げた時はいい当たりのレフトライナーを打たれたと思います。

3年春のセンバツでイチローと対戦した際は、それまでの対戦を踏まえたうえで、中原英孝監督（当時）から『直球は打たれるだろうから、膝元の変化球を中心に』と言われました。だから、対戦した時は変化球ばっかりだったと思います。抑えられたのはたまたま。打ち損じじゃないですか。正直、投手として印象はあまりないですが、打者としてのイチローは技術があるなあと感じていました」

発奮材料になった「同学年のスーパースター」の存在

イチローと同学年の上田は91年ドラフト1位で日本ハムに入団。イチローは4位でオリックスに入団した。上田は投手としてプロ入りしたが、右肩痛の影響もあり、93年から外野手に転向。イチローはプロ3年目の94年に鈴木一朗から登録名を変更して当時のプロ野球記録だった打率・385、シーズン210安打と大ブレーク。打者として史上最年少でシーズンMVPを獲得した。上田は94年までプロの厚い壁に阻まれ、1軍での出場機会はなかった。

「刺激になりますよね。その前の年（93年）に僕はまだファームにいたんですが、イチローが1軍に上がったり下がったりしていた時期に会いました。オリックスが西武球場（現・ベルーナドーム）で試合をやっている時、ファームで日本ハム—西武の試合が西武第2球場（現・CAR3219フィールド）であって。若い選手は当時そこで打っていたんですけど、イチローは西武第2の横にある室内練習場で打っていました。すれ違って『元気？』と少し話して。もう1軍に上がっているんだなあって。僕も打者に転向したので刺激になるし、そりゃ意識しました。

もちろん、イチローぐらい打っていれば誰しもが刺激を受けます。自分も打ちたいとなる。ただ、僕は同じ外野手で右翼を守っていたので送球の強さだけは負けたくないと思っていました。イチローもすごかったけれど、そこをいちばん意識しましたね。向こうはなにも思っていないかもしれないけど（笑）。肩と送球の正確さだけは負けたくないと思っていました。試合前はオリックスのシートノックでイチローが気になるし、僕もライトからのバックホームではノーバウンドを投げたりしていました」

同学年のスーパースターの存在は発奮材料になった。上田は95年に1軍初昇格すると106試合に出場。97年は規定打席に到達し、打率3割をマークした。同じ右翼を守り、右投げ左打ち。同一リーグで何度も対戦したが、上田は独自の目線でイチローのすごみを感じていた。

「みんな同じことを言うじゃないですか。足が速いから内野安打を稼げるとかバットコントロールがいいって。たしかにその通りなんですけど、僕がいちばんすごいなと感じたところは、打撃フォームが常に変化していたことですね。何回も見ていたけど、構えとかスタンスの位置とか、バッターボックスの中で変えていた。メジャーに行く前はホームベースから離れてみたり、肘の角度を変えたり。それはオープン戦から1年間ずっとやっていました。

普通は打率・380を打ったら翌年もその形を変えずにいこうと思うじゃないですか。でも、イチローは違う。細かい試行錯誤だと思うのですが、もっと先を見据えていたんでしょうね。打率4割とかメジャーとか高い領域を目指していたのだと思います。これだけ実績を残した選手がさらに上を目指して変えていくことに驚きを感じました」

昭和48年生まれはいい選手が多かった

上田は日本ハム、中日を経て08年かぎりで現役引退。09年からコーチを務めて今年（19年）で11年目になる。かつて現役時代に対戦した時とコーチ目線となった今で、それぞれイチローはどのように映っただろうか。

「一言で言えば『厄介』ですね。日本ハムの時も内野手は打球が三遊間に飛べば足が速いからセーフになるので、そこは捨てて遊撃が二塁に寄ったり。逆に、三遊間に飛んだ打球をアウトにするために前に出たりとか、いろいろな陣形で守っていました。そういった工夫をしないと、なかなかアウトに打ち取れないと、いまでも思います。自分がコーチとしてイチローと対戦したらと考えても、塁に出たら盗塁できるし、警戒しないといけない。本当に厄介な選手だと思います」

イチローが１回戦で去った甲子園の記憶を共有する、数少ない元プロ野球選手。高校時代を知る者同士でありつつ、プロ入り後はほとんど会話を交わすことはなかった。イチローはオリックス時代、試合前の練習が終わるとすぐにベンチ裏に引き上げた。試合中はともに外野手だったため走者で出た際も接する機会がなかった。

だが、言葉を交わさなくてもその存在が励みになる。近くて遠い存在だが、上田にとってちょうどいい距離感だったのかもしれない。

「1軍のグラウンドで話したことはないですね。ファームでもほとんどないです。最後に話したのは日本ハムを退団した05年オフなので14年前ですかね。同級生の林孝哉（元日本ハム）と電話していた時にイチローが近くにいて。『次、どこ行くの？』って聞かれて『中日だよ』って答えたら、『そうか、今度ご飯行こうよ』って社交辞令を言われました（笑）。別次元の選手だったけれど、存在は励みになりましたよ。

メジャーに行った時も、みんなが憧れている場所なのでどういう環境でやっているのかとか興味がありました。昭和48年生まれはいい選手が多かった。同級生のなかでその存在自体が励みになっていた一人でした」


メジャーで引退するべきだと思っていました

イチローが引退を発表した時、日本でのプレーを望んで惜しむ声もあった。しかし、上田の思いは違った。テレビのニュース番組で引退会見を見た時に、ある感情が湧いたという。

「選手それぞれ引き際の考えがあると思います。いいところでやめるか、ボロボロまでやるか。イチローには精神的に、肉体的にできるならとことんやってほしいという思いはありました。ただ、僕からしたら日本に戻ってこなくてよかったなと。メジャーに行った時は相当の覚悟だったと思うんです。メジャーで2、3年やって日本球界に戻ったり、米国で挑戦してメジャー契約できなかったから帰ってきたりするのもありだとは思うんですが、あそこまでメジャーでやって成績を残した選手なので、(日本球界に)帰ってこなくてよかったかなと。言葉でうまく表現するのが難しいですが、外から見ていてメジャーで引退するべきだと思っていました。

もちろん、日本に戻ってきてまたプレーしたとしても、若い選手にとっては生きる見本になりますし、日本球界も盛り上がるからいいことしかないと思います。ただ本人の中では相当な覚悟があってメジャーに行っていると思います。そこでまっとうした野球人生なのでよかったんじゃないかな。あれだけの成績を出していますし、今回の決断が一番の選択じゃないかなと勝手に思います」

同学年で最も長くプレーしていたイチローがプロ28年目のシーズンで現役引退。しのぎを削った同級生の戦友に、敬意を抱く野球人に、聞きたいことがあるという。

「現役の時は会うことや連絡を取ることもなかったけれども、お互い引退しましたしね。メジャーでプレーしてから野球観がどう変わっていったのかは機会があれば聞いてみたいです。日本だと周りの目、周りの選手のこともあるし、自分の心の内にこも部分があったと思います。オリックス時代は試合中もそんなに笑顔を見せなかったし、『イチロー』を演じていた部分もあったんじゃないですかね。日本はそういう環境だったと思います。ただ米国に行ったらいろいろな人種の選手とプレーする。ラテン系の選手とかもいるなかでどういう気持ちに変わっていったのかは聞いてみたいですね。そういう部分は興味があります」

イチローは肩書にはめられないほうがいい

前人未到の記録を打ち立てたイチローは現役引退後、どのような道を進むのだろうか。マリナーズは4月30日にイチローがインストラクターに就任したことを発表した。インストラクターとして打撃、外野守備、走塁を担当。本拠地での大半の試合に同行し、傘下のマイナー、3Aタコマでも指導に当たる。

高校、プロ入り後も同じグラウンドでプレーした上田はイチローのすごさを誰よりも体感している。実はマリナーズが発表する前にこのポジションに就任することを予言していた。コーチとしても経験を積み、指導者目線での分析は説得力があり、示唆に富んでいた。

「あれだけの経験をしている選手なので、打撃、守備コーチとか肩書にはめられないほうがいいと思います。走塁、守備、打撃といろいろな環境でプレーして経験や知識が豊富にあります。コーチはちょっと違うかなと。

現場だったら監督しかない。僕の中では日本球界でオリックスの監督のイメージはなく、それより上の監督になる。そうなると侍ジャパンかなと。国際経験が豊富で向こうの環境も知っている。相手国の選手たちの特有の性格とか知っていますしね。

それだけじゃなく、イチローならＮＰＢにかぎらず国際的な観点で新しい仕事ができるんじゃないでしょうか。どんなポジションになるかわからないですけど、野球少年たちがすごく興味を持っていた選手なので、なにか伝えてほしいなとは思います」

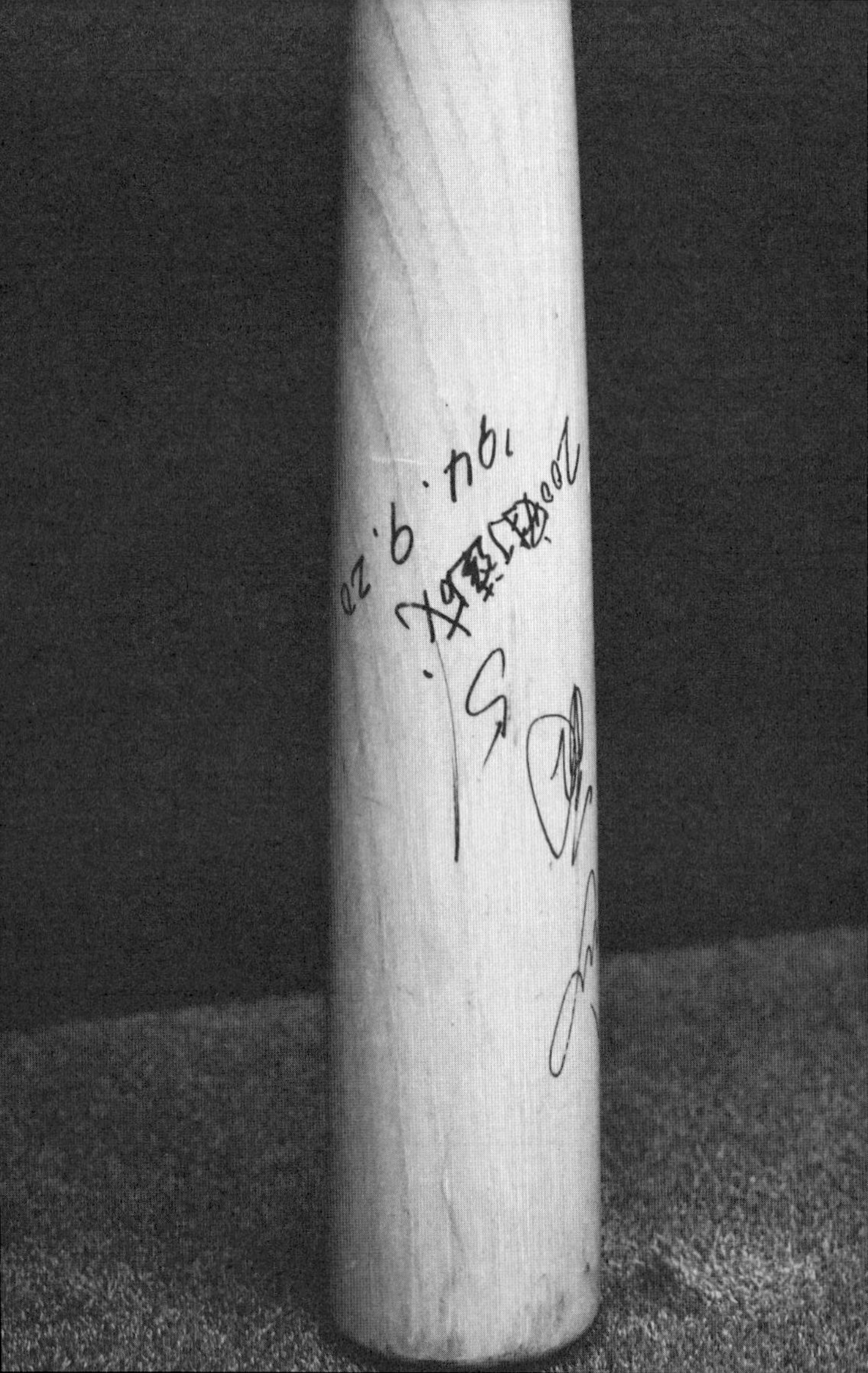
2004. 9. 20

「『とくに問題なかったです』に込められたイチローさんの真意」

イチロー担当バット職人

名和民夫

なわ・たみお●1967年、岐阜県生まれ。大垣工高の野球部で外野手。85年、ミズノグループの製造を担当する会社「ミズノテクニクス」入社。ゴルフクラブ制作部門5年、物流部門2年を経て、92年バット製造部門へ異動。2008年からイチロー担当。25年現在、プロ野球はセ・リーグを中心に担当する。

取材・文●斎藤寿子

2008年からイチローのバットをつくり続けてきた名和民夫は、〝その時〟はもっと先だと思っていた。

「常々、『50歳まで現役』とおっしゃっていましたし、それができる人だろうと思っていましたので、引退の話を聞いた時は、驚きと『まだまだやれるのに、まだまだやってほしい』という寂しい気持ちがありました。同時に『お疲れ様でした』という気持ちもあったり……。本当に様々な思いが込み上げてきました」

19年3月21日、名和はアスレチックスとの試合から、その後の84分にも及ぶ会見まで、テレビ中継をすべて見届けた。最も強く印象に残った姿は、最後の最後まで、〝真剣勝負〟の眼差しをしていたバッターボックスのイチローだった。道具について話す際にいつも見てきた眼光が、そこにはあった。

押し潰されそうになるイチローの〝圧〟

「本当に自分で大丈夫だろうか……」

イチローのバット製作を手がけた前任の職人であるマイスター・久保田五十一《いそかず》は、匠の技を持つ名人だった。03年に厚生労働省「現代の名工」に認定され、05年に黄綬褒章も受章した。松井秀喜（ヤンキース・GM付特別アドバイザー）、落合博満（野球解説者）ら日本を代表する一流選手のほか、メジャー記録の4256安打を達成したピート・ローズのバットをつくり続けていた。その久保田から、ゆくゆくはイチローのバット製作を引き継いでほしいという話が出た時、名和には不安しかなかった。

「心配でたまりませんでした。イチローさんだけではなく、これまで久保田さんが担当されてきた選手たちの大事なバットの製作を、自分なんかが受け継ぐことができるんだろうかと。なかでもイチローさんの存在はやっぱり特別で、一番の不安要素でした」

1985年にミズノグループのミズノテクニクス入社後は5年ほどゴルフ部門を担当し、その後2年間は物流部門に携わった。野球部門に異動となった時期は入社8年目の92年。以来バット製造ひとすじ17年のキャリアを持っていたが、イチローを担当する自信はまだなかった。

覚悟を決めたのは、初めて会った時に告げられたイチローの言葉だった。

「僕も担当者が変わるのは不安です。名和さんも覚悟を決めてやってください」

目の前に座るスーパースターから、目に見えないエネルギーのようなものを感じた。少しでも目をそらせば、押し潰されそうになる〝圧〟を感じながら、イチローの目をじっと見つめ、腹をくくった。

「どこかで自分も17年間、少なからずバットをつくってきたという思いがあったと思うんですね。でも、イチローさんの言葉ですべて打ち砕かれました。初心に戻っ

1本のバットを削る時間は約20分。重要なポイントは意外にも手元より足元。「自分のベストな立ち位置さえ見つかれば、力の入れ具合がいくらでも加減できる」

て、一からやる気持ちでいこう、と思いました」

あれから11年、通算1000本は優に超える本数のバットをつくり、イチローの元へ送り続けた。だが、ただの一度も自信を持って「完璧な一本」といえるものをつくり出すことはできなかった。

「どこに完璧を置くかだとは思いますが、いつも『もっとできたんじゃないかな』『こうすればよかったかな』という思いがありました。イチローさんには失礼かもしれないけれど、どこかで不安な部分があったんです。でも、そうでなければ自分の成長が止まってしまうとも思っていました。『まだまだだ』と思えるから、『次はもっといいものをつくろう』と思える。逆にいえば、そうでなければプロの選手たちに対して失礼なんじゃないかなと。でも、向上心を持ってやってこられたのは、やはりあの時のイチローさんの言葉があったからです」

常に初心のつもりでバットをつくり続けてきたが、一瞬忘れかけたこともあった。それを気づかせてくれた人物もまた、イチローだった。

イチロー担当となって4年目の11年、春季キャンプの最中、ミズノのメジャーリーグ担当者から連絡を受けた。

「イチローさんが『グリップエンドがいつもとなにか違うんだよね』とおっしゃっているのですが……」

胸を突かれる思いだった。はっきりとした原因はわからない。もう一度つくり直した8本のバットを携え、自らキャンプ地の米アリゾナへ飛んだ。

直接バットを渡すと、イチローはグリップエンドの感触を確かめるように握り、「あ、いいですね。これなら大丈夫です」と納得した表情を浮かべた。名和は、ほっと胸をなで下ろした。

「よくよく調べてみると、削りの部分ではなく、塗装の塗り具合がいつもと違っていたんです。その時、猛省しました。塗装は私の担当ではありません。でも、仕上がったものをきちんと確認することを怠ったのは私です。それまでは重量だけを確認していましたが、十分ではなかったんです。きちんと細部までチェックしなければいけなかった。イチローさんのおかげで、また初心に戻ることができました」

これをきっかけに、名和は毎朝、始業時間の約1時間前となる7時半に自主的に出社。塗装の仕上がり具合も細かくチェックするようになった。イチローから教わった〝初心〟を忘れないために、自分に課した朝のルーティーンはいまも続いている。

「バット」が調子を知るうえでのバロメーター

イチローのバットの形状は、メジャーリーグへ移籍する前から一度も変わっていない。長さ85センチ、ヘッドの直径60・5ミリ、グリップ直径24ミリ。もともとは、同じミズノの篠塚和典モデルをベースとしたヘッドが細いタイプを使用していた。元巨人の篠塚は84、87年に首位打者を獲得するなど、昭和終盤を代表する安打製造機。扱うにはテクニックが必要な極細バットでイチローは世界の安打製造機となった。

名和が前任の久保田から聞いた話によれば、ルーティーンを大事にする理由と同様、同じバットを握り続けるからこそ、自らの〝異変〟を察知し、修正することができていたという。バットが調子の良し悪しを知るうえでの大事なバロメーターとなっていたのだ。

そのイチローが、バットを選ぶ際に最もこだわっていたポイントは〝音〟だった。年間100本近く送られてくるバットのなかから試合用を選ぶ際、音も重要な判断材料にしていた。

たとえば、それぞれの木材で床を叩けば、素人でも音の違いは判別できるという。

「実は同じ木材でも、それぞれ音が高かったり、低かったりするんです。音の高さによって、反発力が違ってくるといわれています。高いほうが反発力は大きく、低ければ低いほど反発力は小さい。理想はまるで金属バットのような〝カンカン〟という音。ただ、各選手のタイプにもよります。いわゆる長距離打者は反発力があるものを選ぼうとしますが、アベレージヒッターは逆に打球が伸びすぎると平凡な外野フライになってしまう。ですから、そういう場合は反発力を少し抑えたものを選びます。イチローさんは、10段階でいえば8くらいの、アベレージヒッターとしては音が高く、反発力があるものを好まれていました」

イチローのバットの形状は、ほかのメジャーリーガーとくらべれば、全体的に細いシルエットが特徴だ。名和によると、木材の密度が高いため、必然的に音が高くなることも関係しているという。いずれにしても、イチローが好む音の聞き分けが、バット職人である名和の重要な仕事のひとつだった。

もし草野球を極めるなら、軟式バットもおつくりします

イチローが引退することを知った時、最も気がかりだったことは、やはりバットだった。

「最後に使用されていたバットが、果たして本当にイチローさんにとってよかったのかどうか。使用していただいているということは、ある程度納得されてのことだったとは思いますが……」

前任の久保田から引き継ぎ、08年から11年間、イチローのバットをつくり続けたが、「ただの一度も完璧なバットをつくることはできなかった」という思いがある。

バットづくりにおいて、最も重要な要件は材料の質だ。だからこそ、名人・久保田から口を酸っぱくして言われたのも、材料の見分け方だった。

長年アオダモ製を使用していたが、01年シアトル・マリナーズ入団以降は、より反発力が高いとされるホワイトアッシュに変更した。名和いわく、ホワイトアッシュも「いいものが入る年もあれば、あまりよくないものしか手に入らない年もある」という。

バット職人は、その材料のなかからよいものを選び抜いて製作する。イチローの場合は、1カ月に1度、数ダースずつ米国に送られ、年間100本近くが手元へ渡った。試合で使用されるものは、そのなかからイチローが選んだ50本ほどの〝及第

カンナは大小2種類を使い分け。「削り方は一人ひとり違う。口で教えられるものではなく、最初は見て、そして経験を積むなかで覚える。野球技術と同じ」

点〟のバットだった。

毎年、シーズンが終わると、名和はその年のバットの出来について本人に感想を求めた。だが、いつも同じ言葉しか返ってこなかった。

「とくに問題なかったですよ」

名和はその言葉に、メッセージが含まれているような気がしていた。

「問題があれば、はっきりと言ってこられるでしょうから、そこはある意味、〝及第点〟をもらえたのかなと、ほっとした気持ちにはなります。ただ、『よかった』という言葉ではないわけですよね。ですから、来年はもっといいものをお渡しできるように頑張ろう、と思いました。『これで満足しないでくださいね』というイチローさんからのメッセージが含まれているような気がしていたんです」

イチローが引退会見で見せた表情は、名和が一度も見たことのないものだった。

「私がお会いするのは、イチローさんにとって〝真剣勝負〟をする際の大事な用具に関する時。真剣な顔つきになるのは当然ですが、それでもあの会見での柔らかい表情は、なにかこれまでとは違うものを感じました。『ああ、きっとイチローさんの中でひと区切りついたんだろうなあ』と。結局、一度も満足してもらえるようなバットをつくることはできませんでしたが、それでも11年間、大事なバットをつくらせていただいて本当に感謝しています」

工房にはイチローのオリックス時代からのバットが並ぶ。いちばん右は94年9月20日、日本プロ野球史上初のシーズン200安打を記録したメモリアルバット

そして、最後にこう付け加えた。

「もし本当に草野球を極めようと、軟式のバットが必要になった時には、ぜひ声をかけてほしいですね。いつでもおつくりしますから」

奇しくもイチローの現役最後のバットは〝51〟歳の名和がつくった一本だった。

「打ち合わせの時にイチローが『とにかく芝居がしてみたい』と」

イチロー出演『古畑任三郎』演出家

河野圭太

こうの・けいた●1957年、東京生まれ。東海大学海洋学部卒。演出家、映画監督。ドラマ『古畑任三郎』『マルモのおきて』『王様のレストラン』(ともにフジテレビ系)などを手掛ける。2006年、イチローがゲスト出演した『古畑任三郎　フェアな殺人者』を演出。三谷幸喜脚本作品を多く手掛けており、付き合いは20年以上に及ぶ。

取材・文●酒井敏朗

いまとなっては信じられないような話だが、２００６年、あのイチローが一度きりとはいえ、民放のドラマに出演したことがあった。しかも準主役の犯人役として。

そのドラマとは、人気シリーズ『古畑任三郎』（フジテレビ系）だった。

イチローが出演したのは、ファイナルスペシャルシリーズの第二夜『古畑任三郎 フェアな殺人者』で、放送枠は2時間。当然、演技もしなければならないし、長い台詞もあった。

当時、イチローはマリナーズに移籍して5年目。前年まで4年連続で２００安打を達成するというメジャーリーガーとして絶頂期にあった。そんなイチローが、いかにしてドラマ出演することになったのか？　シリーズ初期から『古畑』の演出を手掛けていた、河野圭太にイチロー出演というサプライズの裏事情を語ってもらった。

イチローの『古畑』出演は極秘中の極秘事項

「イチローをキャスティングしたのは誰なのか？　実は僕もはっきりとは知りません。脚本の三谷幸喜さんと企画プロデューサーの石原隆さん、この二人はそれまでもこのシリーズを手掛けているし、旧知の仲なので、この二人で考えられたんでしょうね。あの時の『古畑』はファイナルってヤツで、３本の放送分のうち、１本だけキャスティングがわからなかったんです。事前に情報が外に漏れないように、ずっと隠されていました。極秘中の極秘ってヤツです。

それがある日、あのイチローがゲスト出演すると知らされたんですが、それは驚きますよ。そもそもイチローにオファーしようなんて、僕にはまったく理解できないことでしたね。だって、イチローはすでにメジャーリーガーとして大成功を収めていたんですよ。そんなイチローに正面切って、〝ドラマに出演してください〟なんて言う発想がおかしいじゃないですか（笑）」

それにしてもあのイチローがよく出演オファーを承諾したものだ。プロ野球選手のオフは短い。いったい撮影はどれくらいの日数がかかったのだろうか。

「もともと『古畑』の撮影時間は、普通の連続ドラマにくらべると、とても長いんです。それには理由がありました。ご存じのように、『古畑』という作品は、田村正和さん主演です。普通の連続テレビドラマというのは、脚本ができていれば、撮影時期が何本か並行することがあるわけです。しかし、田村さん自身が独自のポリシーを持っている方で、そういうことを嫌がるんですね。『撮影が被るのは絶対に嫌だ。必ず脚本ができてから1週間なり空けること』という条件なんですね。だから、そんな慌ただしい状況でいつも『古畑』は撮影していたので、イチロー出演の回がどれだけ時間がかかったかというのは、よく覚えてないんですよ。

イチローの出演が確定して、次に思ったのは、果たしてイチローはどこまで芝居ができるんだろうかということでした。ただ、イチローが出演するのなら、『古畑』にとっては、なんにせよ損な話ではないとも確信していました。だから撮影にいくら時間がかかってもいいし、芝居なんかできなくてもいいから、なんとかしてドラマを成り立たせることを優先しようと決心していました」

イチローは『古畑』の大ファンだった

プロとしての覚悟が固まっていた河野。一方、イチロー自身は芝居をすることに不安はなかったのか。

「もちろんイチローといえど不安はあったようで、一度シアトルに来てくれないかと言われたんです。この頃にはイチローに脚本の初稿を送ってありました。とにかく一度打ち合わせをさせてほしいということでした。それで、僕と石原さん、関口静夫さん（プロデューサー）、三谷さんの4人でシアトルに向かったんです」

初めて4人に会った時に出たイチローの言葉が忘れられないと河野は言う。

「イチローが、『とにかく芝居がしてみたい』と言ったんです。と、同時に『本当に僕の芝居でいいんですか？』とも。台詞は一生懸命覚えてしゃべれるように頑張るけど、本物の役者たちの中に入って、おかしくない芝居ができるかどうかとても不安だという。もっともな話ですよね」

それにしても、「とにかく芝居がしてみたい」とイチローが言ったということは、もともと演技をすることに興味があったのだろうか。

「僕も不思議に思ったんですよ。それで、よくよく聞くとイチローは『古畑』の大ファンだったんです。『古畑』が大好きで、全部観ていますと。DVDも全部持っているし、何回も繰り返し観ているから、ほとんどの作品の台詞を暗記しているくらいですよ、って言うんです」

この打ち合わせで河野は、この作品がうまくいくと予感したという。

「イチローがとにかく〝『古畑』愛〟の話をしてくれたので、僕自身が持っていた壁は崩れ去りましたね。逆に『ドラマの世界では僕は素人だから、一から勉強していくんだ』という謙虚な姿勢がものすごく出ていましたね。こういうところもすごいなあと思いましたね」

「僕がやるんだから役名も〝イチロー〟でいきましょう」

こうして日本での撮影が始まった。〝ルーキー〟イチローの撮影現場での様子はどうだったのか。

「もちろん最初はイチローだって緊張していたはずなんですが、それを表に出さな

い人でした。実は脚本の三谷さんは、犯人役はイチローという名前じゃなくて、ハチロー"だかにしていたそうです（笑）。ハ
ドラマの中とはいえ、イチローが〝イチロー〟として殺人をするなんて、そんなことはできないと三谷さんは思っていたらしい。ところがイチロー本人から、僕がやるんだから役名もハチローではなく〝イチロー〟にしてくださいって言われたそうです」

イチローの役をイチロー本人が演じる。イチローの提案とはいえ、この設定も本人にすれば、かなり難しいことだったに違いない。しかし、困難なことに立ち向かうのがイチローなのだろう。

イチローが出演した『古畑任三郎 フェアな殺人者』を改めて観る。田村正和らレギュラー陣とイチローが最初に出会うのは、イチローが腹違いの兄に「食い物ないのか」と言いながらホテルの保安課の控え室に入ってくるシーン。素人目でもイチローの演技は自然に見えるが、演出のプロである河野にはどう映ったのか。

「もう、すごく自然なんですね。びっくりしました。でも、この演技の裏でイチローはものすごい努力をしているんですよ。たとえば、初めに4人でシアトルに行った時、イチローは2時間分の台詞を全部暗記していました。その時点の脚本はまだ内容が変わるもので、全部を覚える必要はない段階なんですが、それでも覚え

ていて、早くリハーサルをしたいわけです」

できる努力は全部やり尽くすという考え。この情熱は河野らにも熱く伝わった。

「まあ、あの野球に対する完璧な準備と心構えと同じように、芝居も完璧に準備するわけですよ。こんな人初めてだなと思いましたよ。役者さんでも台詞を全部覚えてくる人はほとんどいませんし。あ、でも、田村正和さんは完璧でしたけど。

イチローが腹違いの兄をゆすりに来たチンピラを車の中で殺すシーンの迫力はすごかったです。

『バカな真似しなさんな　あんた天下のイチローだろ』（チンピラ）

『これはゲームだ　俺はフェアなプレーしかしない』（イチロー）

まさに殺人者の目つき。怖いぐらいでしたよね。あれはイチローの演技力ですよ。普通はなかなかできないシーンです。

僕はイチローがうまくできなかったら、細かく指導しながら撮っていこうと思ってたんです。でも必要なかった。流れのなかで、ここは殺人者のシーンだなと思ったら自然にあの表情が出てくるんです」

撮影後に待っていたイチローからの最高のサプライズ

それにしても初めての役者挑戦で臨んだ撮影現場で、イチローが苦労した場面はなかったのだろうか。

「苦労しているところを見せるなんてことはなかったですが、面白かったことはありました。古畑とイチローが野球で対決するシーンがあったんです。古畑が投げてイチローがホームランを打つという場面だったんですが、助監督のなかに甲子園にギリギリで届かなかったくらいのレベルの野球経験者がいたので、その彼に投げてもらったんです。ところがイチローが打てないんです。きりきり舞いしている（笑）。球が遅すぎたんですよ。最後に『お前の球は（ティム・）ウェイクフィールド（メジャーのピッチャー。極端に遅いナックルボールを武器に200勝を達成）より打ちにくい』って言われてました。あの助監督にとっては一生の宝物になる言葉じゃないですか（笑）」

結果、イチローの演技への努力は実り、視聴率はいまでは考えられない27パーセントを超えるものとなった。これは『古畑』シリーズのなかでもベスト10に入る好成績だった。

そんな成功を知る前の、クランクアップした時のイチローも忘れられないと河野は言う。

「実は、僕の撮影班には、イチローからサインとかをねだっちゃダメと通達してあったんです。その空気を知ってかどうか、最後の日にイチローがダンボール箱いっぱいにサインボールやバットやスパイクを持ってきて、スタッフにくださったんです。それも最後にスタジオで『お疲れ様でした』って挨拶して、イチローがスタジオをあとにして、それからこの贈り物が出てきたんです。みんな驚いちゃって、大喜びでした。いやー、帰ったあとに贈り物が出てくるなんて、すごい演出家ですよね（笑）。

それだけじゃなくて、僕がスタジオから出て帰ろうと廊下を歩いていたら、イチローのマネジャーの方が来て、控え室に呼ばれたんですよ。そうしたらイチロー自ら『ぜひ、もらっていただきたいんです』と言って、直接手渡しでバットをいただきました。もう感激、感動でした。一生の宝物ですよ」

河野はこの「ぜひ、もらっていただきたい」という言葉に、イチローの人間性が見えたという。

「そういう気遣いをする人なんですよ。ちなみにバットは家にあるんですが、うちの女房には、このすごさやありがたみがまったくわかっていないんでね、無念です（笑）」

もしイチローが野球選手になっていなくても、きっとなにかを成功させていただろうと河野は言う。

「なにをやっても成功したと思います。だって、あれだけひとつの目標に向かって、真摯に努力ができる人なんですよ。ほんの一瞬のお付き合いでしたが、本当に僕の心に残った人でした」

「映画『走れ！・イチロー』の本人が登場するシーンはインチキやけどね」

映画『走れ！・イチロー』監督

大森一樹

おおもり・かずき●1952年、大阪府生まれ。映画監督。京都府立医大を経て、78年の『オレンジロード急行』でデビュー。助監督経験のない自主映画畑のメジャー監督として脚光を浴びる。代表作に『恋する女たち』(86年)、『ゴジラvsビオランテ』(89年)など。2022年、死去。享年70。

取材・文●鈴木長月

「あれはタイトルこそイチローと銘打ってるけど、実際には全然本人出てけぇへんから、そんなにしゃべれることないで？　それでもええんやったらナンボでもしゃべるけど」

2001年公開の映画『走れ！イチロー』を手がけた映画監督・大森一樹は、取材のオファーをしようとかけた電話の向こうで、苦笑しながらそう応じた。

作品そのものをご存じないという読者のために簡単に説明すると、映画は大森が得意とするところでもある人情味あふれる群像劇。阪神淡路大震災から5年を経た00年の神戸の街でひょんなことから交錯した年齢も立場も異なる3人の〝イチロー〟とその周囲の人々が、この年のオフにいよいよ海を渡ることになる地元のヒーロー、イチローの活躍に背中を押されるようにそれぞれの夢へと歩みだす――という筋立てだ。

「この作品のプロデューサーである黒澤満さん（18年逝去。松田優作を見出し、『あぶない刑事』シリーズなどもヒットさせた辣腕プロデューサー）とは、震災のあった95年公開の『大失恋。』っていう作品でもご一緒させてもらっててね。あの作品は、地元神戸の六甲アイランドにあった『ＡＯＩＡ』っていう遊園地でもロケしてて、地元の映画館『三宮東映』での公開も決まってた。それが封切りの1週間前に地震が起きて、周りは映画どころじゃなくなって……。だから、僕にとっての『走れ！イチロー』は、ビフォーアフターじゃないけど、2本で1セットみたいな作品でもあったんよ」

「全面的に協力はするけどお金は出せない」

95年1月17日、午前5時46分。兵庫県南部を襲ったマグニチュード7・3の大地震は、神戸の市街地に甚大な被害をもたらし、交通インフラやライフラインを長期にわたって寸断。14館もの映画館が集中していた三宮でも、9館が休・閉館を余儀なくされた。

「大阪と神戸では、地震の発生直後でもかなり温度差はあってね。こっちはいまも住んでる芦屋のマンションがガタガタになって途方に暮れてたのに、梅田の映画館で予定されてた試写会をどうするんかと電話したら、『やりますから、来てください』と平気で言うわけよ（笑）。もちろんその頃、阪神電車はまだ梅田と甲子園で折りかえし運転でこっちまでは来てないし、しょうがないから自転車で甲子園球場まで行って、そこから大阪に向かってね。当時の僕はマンションの管理組合で復興委員もやってたから、その後の2、3年は、自分の身の周りを立て直すだけでも結構大変やったんです」

そんな自身も被災者となった大森のもとへ、くだんの黒澤から久方ぶりの連絡が入ったのが00年秋のこと。「いつか、もう1本やれたらいいね」と言い交わした黒澤との〝口約束〟は、意外な形で現実味を帯びることになっていった。

「詳しいことは僕もよう知らんけど、もともとは黒澤さんの率いるセントラル・アーツとオリックスとで1億円ずつ出資して映画をつくるって話で動いてたみたいでね。それが土壇場でオリックスが降りて、『全面的に協力はするけどお金は出せない』ってことになったらしい。まぁ、それでもなんとかするのが黒澤さんのすごいところでね。肝心の話をどうするかって時に出てきたのが、以前から『やりたいね』って話してた村上龍の連作短編『走れ！タカハシ』の高橋慶彦を、イチローに変えてやるっていうアイデアやったんです。僕自身は『テニスボーイの憂鬱』の映画化を以前断られたりもしてたから、『ホンマにできるんですか？』って聞いたら、『大丈夫、大丈夫、なんとかなるやろ』と。どこからも文句が来なかったところをみると、なんとかなったんやろねぇ（笑）」

とはいえ、企画が本格的に動きだした時点で、00年のペナントレースはすでに終了。イチローのメジャーリーグ挑戦は既定路線になっていた。退団することが決定的な選手を中心に据えた物語を、それも翌年のゴールデンウィーク公開に間に合うように準備するなどという芸当は、あまりに非現実的な気がしなくもない。

「いまは完成してから1年、2年寝かすなんてこともザラにあるけど、当時の映画業界なんてのはそれこそ〝撮って出し〟の世界。そういうことは日常茶飯事でもあったんよ。ただ、肝心のイチローは年明けすぐにシアトルに行ってしまうし、その時点では脚本もできてない。だから、とりあえずなんでもいいから旅立つイチローの画を関空まで撮りに行って、そこから話をどうやって組みたてようかって話をしたんです（笑）。

まず彼の〝出発シーン〟を撮って、それを踏まえて丸山昇一さんに脚本を上げてもらって、そこからは撮影にだいたい1カ月ぐらいかけたかな。ロケ地の選定やエキストラの手配なんかは、ちょうどその秋に設立されたばっかりやった『神戸フィルムオフィス』ってところがかなり頑張ってくれてね。すっかり景色が変わってしまった元町の高架下の雑然とした雰囲気なんかは、いまとなっては映像としてもわりと貴重なんとちゃうかなぁ」

エキストラより少なかった球場の観客数

さすがオリックス球団が全面協力したというだけあって、当時の本拠地グリーンスタジアム神戸（現・ほっともっとフィールド神戸）では、大量のエキストラを動員した大がかりな撮影を敢行。松田龍平扮する〝一浪〟中の売り子バイト・望月がイチローに直で会おうと忍びこむ球場バックヤードのシーンでは、故・仰木彬監督

（05年逝去）をはじめ、藤井康雄や大島公一、田口壮に谷佳知、塩崎真といった当時の主力選手、球団スタッフらもほんの1シーンだけだが出演した。

だがそこは、ただでさえタイトな強行軍。現場では想定外の出来事も、当然起きた。

「球場のシーンは、エキストラを入れて撮影した部分と実際の試合風景をそれらしくつなぎあわせてつくってあるんですけど、当日集まってくれたエキストラがこちらの想定より少なくてね。カメラマンの柳島（克巳）さんなんかは『こんなんじゃ（あとから撮影する試合風景と）画がつながらない』って、すごい心配してたんよ。でも、開幕後にいざ実景を撮りに行ったら、ホントのお客さんのほうが少なくて、今度は逆の意味で『つながらないぞ！』となっちゃって。イチローがいなくなった直後のシーズンでもあったから、さすがに満員になることはないと思ってたけど、まさかあそこまでとはね（笑）。あれも彼という存在のすごさを改めて感じさせてくれた光景ではありましたね」

大森がそう振りかえるように、オリックス球団の観客動員数はリーグ2連覇&日本一を達成した96年の179万6000人をピークにその後、減少。107万3000人にとどまった01年は、「ブレーブス」から「ブルーウェーブ」へと改称した91年以降、ワースト記録として現在（19年）まで残る、歴史的な〝不入り〟のシーズンでもあった。

「でもまぁ、そのおかげで利いた融通というのもかなりあってね。靴職人の丈治役をやってもらった加藤武さん（15年逝去）が、グラウンドに乱入して警備員につまみ出されるシーンなんかは、試合開始前に『ただいまより映画の撮影が入ります』ってアナウンスをしてもらって、実際の客前で撮ったんです。

もちろん、いくら当時のパ・リーグが大らかな雰囲気だと言っても、試合前の神聖なダイヤモンドを部外者が走るなんてことは、実際にはありえない（笑）。そういうムチャな演出を球団側があっさり許可してくれたわけですから、有り難いことやったなと思います。そもそも、ホンマにイチローが選手として在籍してる時やったら、あんな撮影も実現してたかどうかはわからんしね」

たしかに、当時はまだ〝人気のセ・実力のパ〟といわれた時代。ホークスはまだダイエーだったし、ファイターズは東京ドームが本拠地で、のちに合併することになる近鉄とオリックスはともに在阪球団としてしのぎを削るライバル関係にあった。セ・リーグの人気球団のタイガースの観客動員が〝暗黒期〟の只中にあっても、ブルーウェーブの96年を下まわることがなかったという事実からしても、そこにある差は歴然だった。

「実際問題、僕もそれまでに神戸での試合を観たことはあったけど、その時でもお客さんはみんなイチローを観に来てる感じやったもんね。試合展開にかかわらず、彼がネクストバッターズサークルに出てくるだけで球場がワッと沸く。こんなこと言うたらファンの人に怒られるかもしれんけど、それまでは『オリックスファンってホンマにおるんかな？』って不思議やったのが、あれを見て、得心がいったんよ。『なるほど。みんなイチローのファンやったんやな』って。

なんせ僕なんか、阪神沿線育ちやから、子供の頃から野球と言うたらタイガース。子供の頃に大阪から転校して通い始めた芦屋の小学校なんて、担任の先生が『タイガース子供の会』の入会申込書を当然のように全員に配ってたぐらいやったから、虎党になるのは、なかば強制やったしね（笑）」

イチロー登場シーンの知られざる〝秘話〟

ところで、劇中には空港から旅立つシーンとは別に、イチロー本人が登場する室内練習場のシーンがほんの一瞬挿入される。公開当時から違和感のあった、素人目にもあからさまに「撮りおろしではない」とわかるそのシーンの〝謎〟を、当の監督にぶつけてみると、彼の口からはなかなかにトンデモな〝コトの真相〟が語られた。

「あれはね、彼の練習風景を撮影した既存のＶＴＲからちょっと拝借したんです。

画質が粗いのは、もとのテープがVHSやったせい。さすがに空港のシーンだけってわけにもいかんなってことで、急遽、どっかから調達して入れることになったんやね。まぁ、いまとなってはとんだインチキやけど、もう時効やし、ええかなと（笑）」

01年4月28日に封切りとなった『走れ！イチロー』は、そんな諸々の〝カラクリ〟が透けて見えたせいか、興行的に惨敗。メジャーでも大成功を収めた「イチロー」を語る文脈上に、この作品が登場することは、その後まったくなかったと言っていい。

「でもまぁ、村上春樹（81年公開『風の歌を聴け』）と村上龍原作の両方を映画化したことがあるのなんて、僕ぐらいのもんやし、それが叶えられたのもイチローのおかげ。そう言えば、ホークスと名球会の協力でつくった97年の『ドリーム・スタジアム』っていう作品には、パンチ佐藤さんも出てるしね。〝仰木マジック〟の象徴ともいえる2人を映画に出してるのも、僕くらいのもんやない？（笑）」

渡米から18年。いまや押しも押されもしない世界的なスーパースターとなったイチローはしかし、どんなに歳月を重ねても、自身の原点は「神戸」と公言してきた。

映画『走れ！イチロー』には、事実イチローはほとんど出てこない。だが、そんな彼の原点たる神戸の街や人々の息づかいは、いまもずっとそこにある――。

第6章
記者たちが明かす秘話

51

「クールで繊細な完璧主義者は〝おもてなし〟と〝義理人情〟の人」

四竈 衛

日刊スポーツMLB担当記者

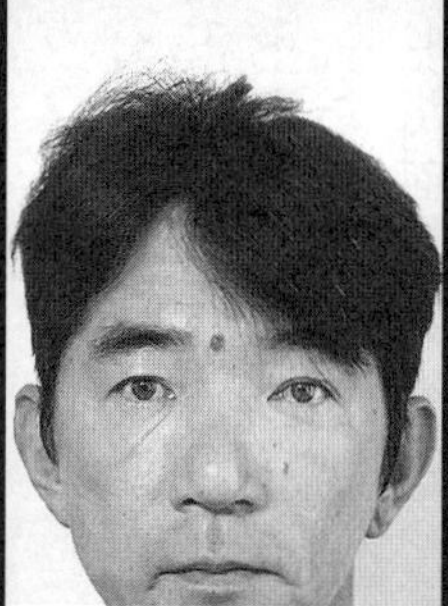

しかま・まもる●1965年、長崎県生まれ。日刊スポーツ新聞社入社後、北関東支局、巨人、ヤクルトなどを担当。渡米後、1999年からMLB全般を担当し、佐々木主浩、イチロー、松井秀喜、松坂大輔らを取材。BBWAA(全米野球記者協会)会員。米アリゾナ州在住。

クールで繊細な完璧主義者――。

周囲が抱くイチローのイメージは、おそらく間違ってはいない。グラウンド上でのプレー、表情からも、野球に関して妥協することはまずありえなかった。

その一方で、ちょっとしたイタズラが大好きで、茶目っ気にあふれ、常に周囲を気遣う一面があることは、意外に知られていないのかもしれない。人をクスッと笑わせたり、驚かせたり、喜ばせることを真剣に考え、サラリと行動に移す。無機質な記録や数字に囲まれているようで、イチローの周囲には笑いも少なくない。

2019年3月21日。日本で行った引退会見で、イチローは図らずも言った。

「僕に感情がないと思っている人はいるみたいですけど、あるんですよ。意外と」

周囲から「意外」と思われていることを承知したうえで、軽妙な口調で言った。裏を返せば、日頃は表に出していないだけで、心の内面には誰もが持つ喜怒哀楽の感情が往来していると言い換えてもいい。ユニホームを着たイチローと、普段着の鈴木一朗の間には、どんなギャップがあるのだろうか。

これまでイチローの言葉といえば、その大半が活字媒体を通したもので、テレビも特別番組を除けば、ニュースなどで部分的に報じられることが多かった。それだけに、インターネットなどでも配信された引退会見は大きな反響を呼んだ。日付が変わる深夜まで続いた84分の質疑応答には、イチロー特有の茶目っ気たっぷりな、サービス精神が随所にちりばめられていた。

これからイチローは、何になるのか――。

誰もが知りたい率直な疑問に、区切りをつけた45歳の大打者は笑って答えた。

「何になるんだろうねえ。そもそもカタカナのイチローってどうなんですかね。元イチローって変だね。音はイチローだから。書く時にどうなるんだろうね。監督は絶対に無理です。これは絶対がつきますよ。人望がない。本当に」

重苦しく、しんみりとなりがちな引退会見を、自らの口調と表情で、かすかな笑いがこぼれる和やかな空間に変えた。質問者がキョトンとすると、すかさず、「えっ？　おかしなこと言ってます、僕？　大丈夫です？」と、絶妙なタイミングで、何度となく「合いの手」を入れたのもイチロー流だった。誰もがイメージする「涙と感動のフィナーレ」だけは、何としても避けたかったに違いない。最後までウィットに富んだ応答を貫き通したのは、すべて〝演出家・イチロー〟の手腕によるものだろう。

これもまた「意外」かもしれないが、イチローは「おもてなし」でも一流と言っていい。

緊迫感すら漂うユニホーム姿から一転、グラウンドを離れれば、さりげない気遣いをするタイプでもある。

大好物でもある焼き肉のテーブルにつけば、常に率先して肉を焼く。ひと切れずつ丁寧に焼き加減をチェックし、全員に行き渡るようにタイミングを計る。焦げつかないように、小まめに焼き網を替えながら、ゆったりとしたペースで食事を進めていく。そこには、スポーツ選手のイメージにありがちなガツガツしたような慌ただしさはない。

焼き肉決起集会での完璧な「おもてなし」

2006年のWBC期間中には、リーダーとしてチームをまとめた。日本代表とはいえ、ほかの選手にとっては不慣れな海外生活。決戦の舞台となったロサンゼルスでは、行きつけの焼き肉店を貸し切って野手陣の決起集会を開催した。滞在先のホテルと店の移動手段として大型バスをチャーターするなど、ほぼ完璧なホスピタリティーで後輩たちの心を束ねた。

マリナーズからヤンキースへ移籍した12年オフには、ファンへの粋な心遣いが全米中でも話題を集めた。イチローの安打数をカウントする「イチ・メーター」を作成したシアトル在住のエイミー・フランツさんに、直筆の手紙とバット、スパイクを贈り、これまでの熱心な声援に感謝の思いを伝えた。

年齢を重ねるにつれ、同僚に対しても、さりげない気遣いを見せるようになっていた。

マーリンズ時代、イチロー特注の除湿剤入りバットケースに興味を示す選手がいれば、すぐに日本へ特別に注文した。ディー・ゴードン、クリスチャン・イエリチらのロッカーの前に、ネーム入りのバットケースがさりげなく置かれることも珍しくなかった。

15年オフ、マーリンズのデービッド・サムソン社長（当時）ら首脳陣が来日した際には、イチロー自ら都内の最高級すし店に招待した。「あんな素晴らしい寿司を食べたら、米国で寿司は食べられない」と感激したサムソン社長らが、SNSなどに写真入りでアップしたことで話題を集め、イチローの「おもてなし」は球団内でも大評判になった。

少年のようなイタズラ心を見せたのは、2018年5月4日。メジャーデビュー直後のエンゼルス大谷翔平が、初めてシアトルを訪れた時のことだった。

試合前、左翼付近でキャッチボールを始めようとした大谷が、右翼側でチームメートと談笑していたイチローを発見。駆け足で近寄り、背中越しから挨拶をしようとした瞬間だった。突然振り返ったイチローは、大谷から逃げるように走りだした。これには、大谷も苦笑しながら追いかけるしかなかった。後日談によると、イチローと話していたディー・ゴードンのサングラスに近寄って来る大谷の姿が写っていたことで、イチローのイタズラ心がうずき、咄嗟にUターンダッシュ。周囲に笑いの渦が巻き起こった。

当初、このシリーズは「イチロー対大谷」の初対決が実現するか、に注目が集まっていた。だが、その直前にイチローが選手枠から外れ、会長付特別補佐に就任。二人の夢の対決は消え去り、ファンやメディアの期待感が萎んだ矢先のことだった。

イチローが、そんな周囲の空気や状況を考慮していたかどうかはわからない。ただ、大谷を驚かせたことによって、初の2ショットを日米メディアは大きく報じ、のちに「鬼ごっこ」と呼ばれる、微笑ましいエピソードとして知られるようになった。ファン、メディアだけでなく、大谷をも笑顔にしてしまう、絶妙な演出だった。

清原の引退試合に極秘で駆けつけた

その一方で、昔気質の義理堅さも忘れていなかった。08年10月1日。京セラドーム大阪で行われたオリックス清原和博内野手の引退試合には極秘で駆けつけた。ともに仰木彬氏（故人＝元オリックス監督）を恩師に持つ間柄。わずか3日前に、162試合の全日程を終えたばかりだったが、緊急帰国を決断した。貴賓席で清原の涙を見届けつつも、言葉を残すことなく、球場を後にした。球界の先輩の特別な一日に対する、畏敬の思いからだった。

14年12月2日には、マリナーズ時代の同僚でもある佐々木主浩氏の野球殿堂入り祝賀パーティーにサプライズで登場。オフに公の場に姿を見せることは少ないものの、先輩への恩義に対し、感謝の気持ちを示した。直前に自主トレ先の神戸から東京へ移動し、会場に駆けつけるほど、義理人情にも心を砕く一面を持ち合わせていた。

他人の立場や気持ちを思いやる感覚も、イチローならではだった。２００１年、それまでマリナーズ入団が決まった際、背番号「51」を背負うかどうかの選択に迫られた。マリナーズの「51」といえば、１９９８年までエースとして活躍したランディ・ジョンソンの代名詞だった。地元ファンだけでなく、ジョンソンはどう感じるのか。正式契約を前に、イチローは先輩左腕にメッセージを送った。

「僕が背番号51を付けてもいいですか」

当時、ダイヤモンドバックスに移籍していたジョンソンは、そんなイチローの律儀な姿勢に感激し、即座に了解の返事を伝えた。

12年途中、ヤンキースへ移籍した際には、異なる選択肢を選んだ。ヤンキースの「51」といえば、イチローが尊敬し、親交もあるバーニー・ウィリアムスの背番号だった。

「51は特別な番号ですが、ヤンキースでは僕のほうからお断りというか、とてもつけることはできない」

遠慮というよりも、恐縮するように、空いていた背番号「31」を選んだのも、イチローの美徳の表れだった。

個人記録にこだわり続けた理由

常に大記録を追いかけ、大記録に追われてきたイチローは、徹底的な個人主義者のようなイメージを持たれてきたのかもしれない。引退会見では、野球の魅力について率直な思いを語った。

「団体競技なんだけど個人競技だというのが野球の面白いところ。チームが勝てばそれでいいか、というと、全然、そんなことはない。個人としても結果を残さないと生きていくことはできない」

多くの選手が「チームが勝てば、それがすべて」と言うなか、イチローは誤解を恐れず、「全然、そんなことはない」と言い切ってきた。野球選手であるかぎり、勝利を目指すことは、言うまでもない。つまり、言う必要がない。ただ、個人事業主のプロである以上、自らの成績を求めないかぎり、プレーは続けられない。極論すれば、優勝すれば解雇されてもいい、という考えは、イチローの概念に存在しない。

そんな研ぎ澄まされたプロ意識にも、その後、少しずつ変化が見えるようになった。常に険しい表情でプレーを続けるうちに、周囲の笑顔に胸を打たれるようになり始めていた。

「ある時までは自分のためにプレーすることがチームのためにもなるし、見てくれている人も喜んでくれるかなと思っていたんですけど、（２０１２年に）ニューヨークに行った後くらいからですかね、人に喜んでもらえることが一番の喜びに変わってきたんです。ファンの存在なくしては自分のエネルギーはまったく生まれないと言ってもいいと思います」

常にファンを意識する姿勢が変わったわけではない。「常にプレッシャーを感じられる選手でいたい」と言い続けてきた思いが、「人に喜んでもらえること」という表現に変わっただけではないだろうか。

いま思えば、大記録が近付くにつれ、近寄りがたいオーラを発していたイチローに、少しずつ本来の優しさが垣間見えるようになった頃から、ゆっくりと幕引きへの準備が始まっていたのかもしれない。

プロ通算28年間。日本でイチロー、米国ではＩＣＨＩＲＯとして、クールで繊細な完璧主義者を演じてきた45歳は、ユニホームを脱ぎ、鈴木一朗へ戻った。

「意外とある」という感情を、もはや包み隠す必要もない。

イタズラ好きで、茶目っ気たっぷりで、周囲を気遣う鈴木一朗は、今後、どんな形で人を喜ばせてくれるのだろうか。

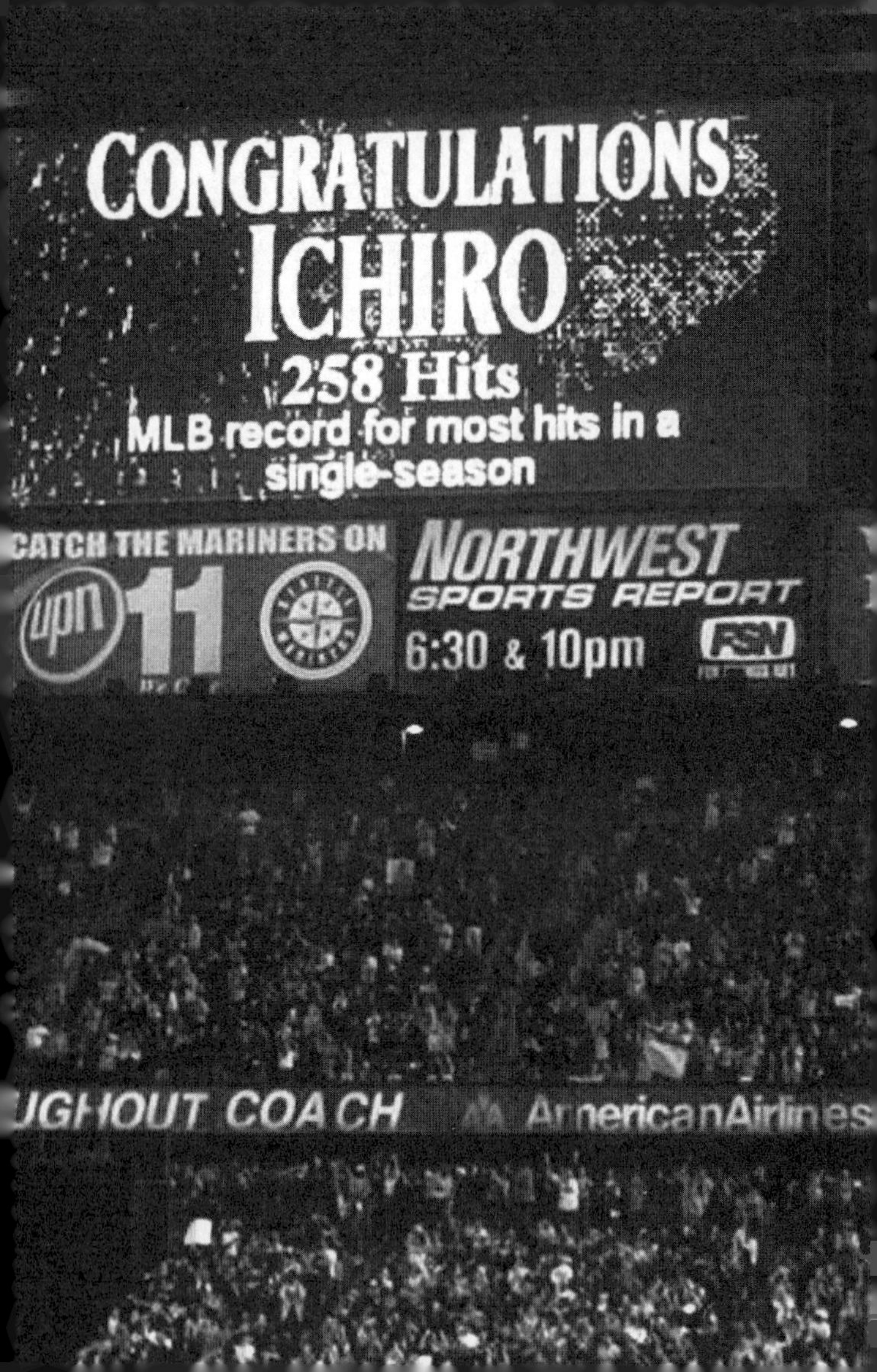
CONGRATULATIONS
ICHIRO
258 Hits
MLB record for most hits in a
single-season
CATCH THE MARINERS ON
upn 11
NORTHWEST
SPORTS REPORT
6:30 & 10pm
FSN
UGHOUT COACH
AmericanAirlines

「イチローは一字一句、『てにをは』の細かいところまで原稿チェックした」

甘利陽一

スポーツニッポン編集局
スポーツ部野球担当部長

あまり・よういち●1968年、長野県生まれ。慶應大で慶應スポーツ新聞の編集長を務める。92年、株式会社スポーツニッポン新聞社に入社。整理部、文化社会部を経て、97年から2007年までメジャーリーグ取材を担当。ヤンキース、マリナーズ、ドジャースを担当し、野茂英雄、佐々木主浩、イチロー、石井一久らを取材した。以降、本社デスクを経て、17年から編集局スポーツ部野球担当部長。その後、編集局次長。現在は編集局総務。

取材・文●岡田剛（アンサンヒーロー）

初めて海を渡った背番号「51」を100人の取材陣が取り囲んだ。

2001年、イチローはシアトル・マリナーズの一員として、日本人野手で初めてメジャーリーグの舞台に立った。スポーツニッポンで当時マリナーズ担当だった甘利陽一記者は、この年のキャンプでメジャーリーガー「ICHIRO」を初めて取材した。

集まった取材陣は、スポーツ専門のメディアだけでなくテレビ、一般紙、週刊誌も含めて100人ほどだった。当時の取材は常に緊張感があったという。

常にサングラスをかけていたイチローの視線が見えず、表情が読み取れなかった。なんとか質問のきっかけを掴もうと毎日練習に通い、一挙手一投足を見つめていた。

「自分が取材していた時は、いちばん取材陣が多い時だった。オリックスで担当していた記者がそのまま来るパターンもあったけれど、1997年からメジャーリーグを取材していたので、日本時代は取材したことがなく、この時が初めてだった。いかに質問して答えてもらうか。練習はものすごく目を凝らして見ていた。前の日とどこが違うか、いろんな違いを見つけるために一生懸命見ていた。練習はフリー打撃の時、三塁側のベンチ前からいちばん見やすい角度で見て、日々の違いを見つけようとしていた」

イチローのスタイルとして、答えたくない質問が出ると沈黙することがあった。

それは「次の質問にいってほしい」ということを意味していた。

野球選手として勝負を懸けたイチロー。言葉を引き出したい記者たちもまた、勝負の日々を過ごした。日に日に熱を帯びていった取材陣に対し、メジャー1年目の日本人野手は冷静さを貫いていた。

メジャーで最初に認められたプレーは「レーザービーム」

イチローが入団した01年のマリナーズは〝闘将〟ルー・ピネラ監督の下、シーズン最多勝利記録の116勝を挙げた。エドガー・マルティネス、ジョン・オルルッドらの強力打線、ジェイミー・モイヤーら先発の柱がチームを引っ張った。スター軍団のなかで、イチローはオープン戦から「イチ流」の調整法で周囲をざわつかせた。

「レフト方向にしか打たなかった。これは彼なりの体のつくり方で、まず左方向を意識した打ち方をしていた。米国のメディアは『体が細いから引っ張れない』、速いピッチャーの速い球は引っ張れないと批判的な報道をしていた。ピネラ監督も彼のスタイルを理解していなかったから、半信半疑だった。監督は状況を見かねて『この試合は引っ張ってくれ』と指示したことがあった。初めは懐疑的な見方だった」

オープン戦は目立った成績を残せなかったが、シーズンが開幕すると周囲の雑音を吹き飛ばす結果を出した。01年4月2日、開幕戦となったアスレチックス戦に1番・右翼で先発出場し、メジャーデビューを果たした。第3打席まで凡退したが、7回裏の第4打席、センター前にメジャー初安打を放った。8回裏にはバントヒットを決めて、5打数2安打と鮮烈なデビューを飾った。

イチローの名を一躍有名にした試合がある。同年4月11日、アスレチックス戦だ。8回1死一塁の守備で右前打を捕球し、三塁に完璧な球を投げ込んで補殺した。三塁手のグラブに収まるまで、ボールは一直線に美しい軌道を描いた。見たことがない光のような返球。実況アナウンサーはこのプレーを「レーザービーム」と呼んだ。イチローの代名詞となったこのフレーズは、メジャー初年度のビッグプレーから生まれていた。

「米国の記者も声を出して驚いていた。メジャーで最初に認められたのはこのプレーだと思う。スポーツニュースで流れたことで全米に知れ渡った。マリナーズは日本ではなじみのあるチームだったけれど、米国のなかのシアトルは小さな都市で、そのチームの選手を時差のある東海岸の人はあまりわからない。ナイターも観てないと思う。そんな選手がスポーツニュースで取り上げられて一気に広まった」

守備だけではなく、ほかの選手が真似できないヒットもあった。

「彼の特徴として、芯で捉えた当たりではなく、わざと詰まらせてサードの後ろにふわりと落とすヒットが、ある意味いちばん快感だったみたい。普通に見ていると振り遅れで詰まっているように見えるが、彼は意図して打っていた」

走塁でもインパクトを与えた。「内野安打」は米国のファンを魅了した。

「一塁に走る時間は4秒を切るくらいで、あそこまで速い選手は当時いなかった。相手の内野がプレッシャーを感じて、通常の守備位置よりも前に出てくる。評判はすぐに伝わって相手が研究していたので、攻め方は普通の選手とは違った。彼は相手がシフトを敷けば敷くほど空いているところに打ってしまう。どこにもシフトを敷けなくて相手は苦労していた」

自分の言葉の影響力をわかっている

海を渡った最初の年に新人王、MVP、首位打者、盗塁王、最多安打のタイトルを獲得した。メジャーリーグのルーキーイヤーからファンを、選手を驚かせた。

「彼は『3年やって初めて認められる』と言っていた。いろんなメジャーリーガーが言っていたことは『1年間だけなら結果を出せる、ただ2年目は研究される』。そのなかで、まずは3年で結果を出して認められることは意識していた。最初の3

年間は数字にこだわっていたと思う」

現地での直接取材はメジャーリーグ1年目のワンシーズン。その後も長年にわたり、メジャー他球団の担当記者、そして野球デスク、部長として立場を変えながらイチローに注目し続けた。

マリナーズはイチロー入団当初の選手たちが徐々に離れ、成績が低迷した。イチローは10年まで続いたシーズン200本安打の記録を目標としていたが、やがて記録は途切れ、マリナーズを離れた。その後、ニューヨーク、マイアミと渡り歩くが、甘利はこの環境変化が選手としての寿命を延ばしたとみる。

「毎年200本を続けていて、記録は認められていたが、なんとなく200本だけに注目が集まっていた。彼もチームの中で一人になってしまうことがあって、モチベーションを保つことが難しかったと思う。ヤンキースという強いチームで控えに回って、マイアミでは自分の子供みたいな年齢の選手からリスペクトされた。その経験があっていまのイチローがある。でも、プレーオフに出たのは01年だけで、ワールドシリーズには最後まで出られなかった。そういう舞台で見てみたかった」

グラウンドに立つイチローは、プレーだけでなく言葉の影響力も大きかった。スポーツ紙で一面を飾る時、イチローの言葉がそのまま見出しに使われることも多かったという。

「言葉に力があるから、話した言葉で見出しを取れた。いままでになかった選手のタイプで貴重な存在だった。イチローの紙面にカッコつけたフレーズはいらない。語彙力、表現力がすごく豊か。新聞をつくる時、記者には『絶対、大事な言葉を落とすな』と指示していた。かつてイチローが契約してもらえない自分のことを『ペットショップでなかなか買ってもらえず残っている子犬みたいな状況』と言っていた。こんな言葉はなかなか出てこない」

09年、スポーツニッポンが独占インタビューを行った際、甘利は構成を担当した。イチローは自らの言葉の力を理解しているようだった。

「(イチローから)返ってきた原稿は、一字一句、細かいところまでチェックされていた。『てにをは』まで。自分の言葉の伝わり方を意識していた。自分の言葉の影響力をわかっている」

グラウンドでは見せない「鈴木一朗」の表情を見た時があった。メジャー1年目のイチローと食事に行った時だ。

「グラウンドの姿と全然違った。日本食のお店の個室に入った瞬間、サングラスを外して帽子を脱いだ時、鈴木一朗に戻った感じだった。当時まだ20代後半の普通のお兄ちゃん。めちゃめちゃ笑うし、明るかった」

甘利は97年からメジャーリーグを取材し、07年までニューヨーク・ヤンキース、シアトル・マリナーズ、ロサンゼルス・ドジャースを担当した。11年間メジャーリーグを取材したなかで、イチローが米国の野球に与えた影響は大きかったという。

「マイナーぐらいの位置づけで見られていた日本の野球が認められた。そして、パワープレー全盛の時代に、スピードのある選手が出てきて野球界が変わった。さらに安打記録を出したことで、1900年代前半の名選手を呼び起こした。ファンもイチローのプレーを楽しんで見ていた」

日本人野手としてメジャーに認められたことで、後輩たちにメジャーへの道筋をつくった。

「青木宣親選手が米国に行って苦しんでいる時、イチローから声をかけられて、その言葉を支えにしていたそう。誰もがイチローをリスペクトしている。野手は移動も大変で、日本とくらべて多くの投手と対戦する。あれだけの成績を残す難しさは日本人がいちばんわかるはず」

いまのメジャーはイチローがやってきた野球とは違う

現役引退を発表した19年3月21日、甘利は東京ドームでイチローの第1打席を見届けると、引退の情報を受けて会社に戻り、紙面制作の作業に追われた。

その日の東京ドームは、試合が終わっても多くのファンがイチローの名前を呼び続け、再びグラウンドに現れた背番号「51」を目に焼きつけた。その後に行われた会見では、ユニホーム姿のままで記者の質問に最後まで答えた。

「最後まで質問に答えるのはイチローからのお返しだったと思う。優しさを感じた。バタバタしていたけれど、会見は行きたかった。いまの野球がどのように映っているか聞きたかった。50歳までやると言っていたから、取材していた立場からすると、やってほしかったのが本音。

でも、いまのメジャーを考えるといいタイミングだった。メジャーの野球は変わってきていて、たとえば評価基準が投手だったら『速い球を投げる』、打者は『遠くに飛ばす』ということで打球速度、打球の角度で評価されてしまう。いまのメジャーはイチローがやってきた野球とは違う。とはいえ45歳、野手で言えば40代でやっている人は少ない。日本は選手の寿命は延びているけど、野球が変化しているメジャーは寿命が短くなっている。だからこそ、この年齢までやったことは評価される」

現役生活を終えたイチローの功績を伝えるうえで、背番号「51」は欠かせない。「なんでもなかった番号が、みんなの憧れになって、左打ちの足の速い期待の選手は『51』を付けている。それはイチローがつくったものであって、どんどん受け継がれる。メジャーで言ったらケン・グリフィーJr.の24番が子供たちの憧れのように、

『51』も続いていく。「イチローが背番号『51』のアイデンティティを確立した」イチローが記録をつくることでメジャーリーグのレジェンドプレーヤーを蘇らせたように、イチローもまた、いつか多くの人の語り草になるだろう。

出会ったことのなかった選手を取材できたことは、記者人生のなかで貴重な財産になっている。そんな唯一無二の選手に出会えた時間は、決して色あせない。

ICHIRO
51

SEATTLE MARINERS
Majestic

『なにを見てるんですか』。イチローに気づかされたプロとしての自覚」

「引退」第一報を打った共同通信記者

小西慶三

こにし・けいぞう●1966年、大阪府生まれ。関西学院大卒。スポーツ歴は中学まで競泳、高校、大学はアメリカン・フットボール部。91年、共同通信社入社。福岡支社でソフトバンク・ホークスの取材を経験し、94年からオリックス、スポーツ特集、西武ライオンズ担当を経て、2000年末から米国転勤でメジャー取材。イチロー引退の第一報を打った記者。イチロー引退後もメジャー取材を続ける。

取材・文●丸井乙生（アンサンヒーロー）

引退会見の質疑応答で社名、氏名を名乗った瞬間、食い気味で言葉を被せられた。

「共同通信・小西です」

「あの、大きな声でお願いします」

「共同通信社の小西と申します」

国内外300人近い記者が集まった世紀の会見で行われたやり取り。「大きな声で……」のほかにも、切り返された記者がいた。

「いる？　それ、ここで。あとで裏で話すわ」

「これ、先ほどお話ししましたよね。〇〇くんも集中力、切れてるんじゃないの？　完全にその話、したよね」

知っている者だけが意味を理解していた。イチローが引退会見でツッコミを入れた相手は、昔からなじみのある記者ばかりだった。

「僕はいつも『声が小さい』っていじられていたんです。そこは変わらず、でしたね」

共同通信社・小西慶三記者。1994年にオリックスを担当して以来、他球団担当となってもその背中を追い続け、メジャー担当となって足掛け25年間イチローを取材し続けてきた。

あのツッコミは、イチローならではの〝惜別〟だったのでは――。

引退の第一報は共同通信だった。担当はもちろん、小西だ。2019年3月21日、開幕カードのマリナーズ―アスレチックス第2戦（東京ドーム）。試合開始の30分後、19時に第一報が流れた。共同通信社の記事は加盟社のテレビ、新聞各社に瞬時に配信される。前日の第1戦で4回守備前に総出の仲間とハグをしながら交代しただけに、引退を決意しているのではと予想していた報道陣はバタバタと動き始めた。記事の文言は「第一線を退く意向」と記した。「引退」という言葉は本人の口から発することができるように、という配慮ではなかったか。

最後の試合は記者席で見つめていた。

「本当にこれで終わってしまうのかな、という感じでしたね。前から知っていたことだったのですが、最初から最後まで不思議な感じでした。明日になれば（選手としてグラウンドに）いるんじゃないかとか、そういう気持ちも含めて」

メジャー初年の01年から、小西はイチローの試合のほとんどを現場で見てきた。会社からは1シーズンのうち、遠征での3カードまでは休んでいいとされていたが、休日でも自主的に球場へ足を運んだ。イチローが海を渡る1カ月前から米国での取材を始めて以来1、2カードは休日に充てたことはあったが、09年に史上初の9年連続200安打を成し遂げたシーズンから、出場した試合はすべて球場で見届けた。

「もう休むのは止めようと思って。もう、こういう機会が自分に降りてくることはたぶんないだろうと思ったからです」

記者人生での巡り合わせを尊んだ小西もまた、プロフェッショナルだった。

向こうからしたら"one of them"

通信社、新聞社において、プロ野球担当は複数人、もしくは1人で担当する2通りに分かれる。スポーツ紙では巨人、阪神、もしくは球団本拠地の地元紙では1球団をベテラン、中堅、若手による複数人のチームで取材することが多い。その他球団は1人の担当記者が年間を通して取材を続け、休む時は代わりに「遊軍」と呼ばれるオールマイティーな記者がヘルプをこなすことが通例だ。

94年、入社4年目の小西は初めてオリックスで「1人担当」を任された。イチローが開幕前に鈴木一朗から登録名を変更し、秋には打率・385で首位打者、そして日本プロ野球史上初のシーズン200安打を達成したシーズンだった。

最初からイチローを深く知っていたわけではない。以前から担当しているベテランのスポーツ紙記者が「鈴木はすごいで。いい選手やで」と言うことを「そうなんだ」と聞いているくらいだった。オープン戦の2月20日横浜戦（宮古島）でランニング満塁本塁打を放ったことで、取材対象の主役はイチローになるだろうと感じ始めた。

「さすが評判通りに出てきているんだな、このまま今年は彼でいくんだな、と思ってやっていたら、開幕前に登録名変更のニュースが出てきました。僕はスポーツ新聞に載るまで知らなくて『そうなんだ。そんな珍しいことするんだ』という状態。トボけた話なんですけどね」

「1994年のイチロー」はすさまじかった。

「最初からメチャクチャ打ってて、すごいなこれは、という状況でしたね。初夏の頃には打率4割に近づいたり、何試合連続で複数安打を打ったとか、3安打の回数が尋常じゃなく多いとか、近鉄のピッチャーだったら相手が誰でもメチャクチャ打つ……。だんだん騒ぎが大きくなっていって、僕はその渦中にいました。

向こうからしたら〝one of them〟だったと思います。何人かいる担当記者のうちの一人で、（距離感が）近いとかもないですし。ただ、毎日メチャクチャ打つから話を聞きに行くことは多かった。監督を含めてよく話を聞く、何人かの重要な取材対象でした」

当時、28歳の小西は20歳のイチローに叱られている。地方球場での西武戦後のことだった。

「初夏の頃だったかなあ。たしか、みんなで監督にぶら下がり取材をして戻ってきて、話を聞く選手を探していたんです。その時にちょうどイチロー選手が用具を片づけて帰ろうとしていて、僕と1対1になりました。『なにか聞かなきゃ』という思いだけが強くて、なにも考えずに質問してしまった」

「あれ、今日はプロテクターつけなかったの？」

当時のイチローはフリー打撃で足のプロテクターを装着するが、試合では外す。

「それなのに聞いちゃったんです。その時に『なんだコイツ』みたいな雰囲気になって」

20歳の若武者にピシャリと指摘された。

「つけてません。なにを見てるんですか。練習でしかつけてませんよ」

返す言葉もなかった。翌日の練習前、球場にイチローが姿を現してすぐに謝罪に出向いた。

「昨日はすみませんでした。これから、ちゃんと見ます。しっかり見ます」

相手が年下であっても、素直に謝った小西もさるものだった。

「すごく心に引っかかって、翌日の練習始まる前にすぐ行って謝りました。年上だからとか関係なく『仕事はしっかりしろよ』という雰囲気を感じました。それは最後まで変わらなかったです。お互いプロとしてやっているんだったら、ちゃんとしようというところがその時からあったように思います」

しっかり見る、という約束はその後、19年3月21日まで続いた。

溜めていたものを本人に聞いて確かめる

〝one of them〟だった小西が距離を縮めた時期は、オリックス担当を離れてからだった。2年間担当を務めたあと、95年末に大阪から東京へ異動となり、スポーツ選手の特集を組む部署に配属された。以降は松坂大輔が入団した当時の西武担当を務めたが、オリックスの関東遠征、自分の関西出張時などではできるだけ球場まで出向いて声をかけた。いつも話をする記者としておなじみになっていた99年夏、小西は休日を利用して兵庫県神戸市を訪ねた。行き先はオリックスの寮だった。

「休みで関西にいた時、彼がケガをして試合に出ていなくて。ひょっとしたら寮にいるかもしれないと訪ねたんです。そうしたら、たまたま下に降りてきて。『なにしてるんですか?』『どうしてるの?』みたいな話になって、『お茶飲みに行こうか』と、外で初めて二人になりました。その流れで二人きりでお茶を飲んだり、食事に行ったりする状況になりました」

00年3月、小西には年末にロサンゼルス支局へ異動する内示が出た。翌年にメジャーへ行くと思われたイチローは同年秋にポスティング・システムでのメジャー移籍を表明。小西の担当球団は自然とシアトル・マリナーズに決まった。

記者がプロであるために。「しっかり見る」は「しっかり聞く」ことでもあった。

「ずっと見ることが基本だとは思うんですけど、見ていてもわからないことが多いんですよ、実は。あとから聞いてそうだったのかと思ったこと、ほかの選手といる時に彼が話すことを自分の中でストックして形にして、公式にインタビューを申し込んだ時に、溜めていたものを本人に聞いて確かめる。その繰り返しだと思います」

日米にわたって常に観察し続けた打撃は、従来の打者と違っていた。

「普通の打者は引きつけて打つというか、ボールと距離を取ろうとして振りますよね。イチロー選手は自分からボールに向かっていく。前に出ながら前軸で回転して打つ。速いボールに向かっていくと物理的に、より捉えるのは難しくなりますが、彼はそのやり方のほうが正確に体が動く。それができる人は本当にかぎられると思います。

アプローチの仕方についても、彼は変化球を狙いながら直球に対応する。普通の打者と逆ですよね。みんな真っすぐに負けたくないから、直球に合わせてスイングするタイミングのチャンネルを持って合わせようとしますが、相手は当然それを崩そうとして、緩いボールで先に体を泳がせようとする。だけど、彼はそうじゃない。変化球を待っていて急に直球がストライクゾーンに来ても、わざと詰まらせて打ったり、外側のボールを叩きつけて緩い当たりを打ったり、ファウルを打ったりします。そういうところは特殊だったと思います」

すごく方向音痴です

引退間際も守備、走塁に関してはほかの追随を許さなかった。

「僕がすごいと思ったのは、状況判断のミスをしないことです。無理に外野から本塁に返球して、打者走者に次の進塁を許したりしない。捕ってからどこにどんな強さで投げるかの優先順位を間違えない。米国で野球を見ていると『ここで無理して投げることないだろう』『なぜこの内野手に返球しないのかな』ということがよくあります。名が通った選手でも必ずあるのですが、イチロー選手には本当にない。目立つプレーももちろんすごいですけど、とにかく状況判断のミスをしないことです。しかも試合出場の間隔が開いたときや、一方的な展開になったときも、その集中力が変わらない。外野3つのポジションで、しかもメジャーでは球場の形や環境に差があるのに、です」

プレーにも、受け答えにもスキがないスーパースターに、なにか〝スキ〟はなかったのか。

「すごく方向音痴です。外野ではGPSがついているような動きをするのに。球場に同じタイミングで入った時、僕らと逆方向に行こうとしたことが何回もありました。『違う違う！　こっちこっち！』『いや〜』って苦笑いしたり。シアトルでも最初の頃はすぐ家に帰れなくて、1時間以上かかったこともあったらしいです。高速道路で、降りなければいけない出口ではなく、先まで行っちゃって。ニューヨークでも、ヤンキースタジアムから歩いても1時間くらいのところに住んでいたのに、車で1時間半かかったことがあるらしいです」

　友人ではない。しかし、いつも近くで見て、聞いている。25年間それを続けた記者・小西にとってイチローはどんな存在だったのだろう。

「常に刺激を与えてくれる選手。そうでないと、こんなに長くこっちのモチベーションも持たなかったと思います。常にこっちにもハードルを置かれている感じはしましたね。長く取材すればしただけのことを要求されているような気持ちが、いつもありました。普通に考えたら、もう彼のような選手に出会うことはないでしょう。同じようなことをやるとしたら20年かかるし、その時僕は73歳。これだけ長く太くいろんなことがある選手に出会うことはないと思います」

　イチローに鍛えられた記者たちはきっと、このあとどんな難題に出会っても、いかなる修羅場に遭遇しても揺らぐことはない。

　最後の最後まで、いつも通り。そして、さよならを。

　引退会見というラストシーンでも、積み重ねた会話のキャッチボールをなぞることが、自分を見つめ続けた記者への惜別だったのかもしれない。

PROFILE◆イチロー

本名・鈴木一朗。1973年10月22日、愛知県西春日井郡豊山町出身。

愛工大名電高校2年時の夏、3年時の春の甲子園に出場。いずれも初戦敗退。

91年11月、ドラフト4位指名でオリックス・ブルーウェーブに入団。

92年7月12日、ダイエー戦でプロ初安打。

94年4月7日、登録名を本名から「イチロー」に変更。この年、NPB史上初のシーズン200安打達成（最終成績・210安打）。同年から、7年連続首位打者。7年連続オールスター戦出場。

95年、オリックスがパ・リーグ制覇。96年には日本シリーズで巨人を4勝1敗で破り日本一。

99年12月3日、元TBSアナウンサー・福島弓子さんと挙式。


2001年、シアトル・マリナーズへ移籍。同年、242安打で、メジャー新人最多安打記録を更新。新人王、MVP、首位打者、盗塁王に輝く。同年から、10年連続200安打達成。10年連続オールスター戦出場。

04年、ＭＬＢ新記録となるシーズン262安打。2度目の首位打者に。

09年4月16日、日米通算3086安打を記録し、張本勲の持つ日本記録を更新。

12年のシーズン途中からニューヨーク・ヤンキースに移籍。

15年、マイアミ・マーリンズに移籍。

16年6月15日、日米通算4257安打を放ち、ピート・ローズの持つ最多安打記録を更新。

18年、再びマリナーズに移籍。5月に選手登録から外れ、会長付特別補佐に就任。

19年3月20日、東京ドームで行われたマリナーズ－アスレチックスのＭＬＢ開幕戦に出場。

翌3月21日、マリナーズ－アスレチックスの第2戦後、現役引退を発表。

ＮＰＢ：951試合出場、通算1278安打、打率・353、118本塁打、529打点。
ＭＬＢ：2653試合出場、通算3089安打、打率・311、117本塁打、780打点。
日米通算安打数4367安打。

本書は2019年6月に小社より刊行した単行本『証言イチロー「孤高の天才」の素顔と生き様』を改訂し、文庫化したものです。

宝島SUGOI文庫

証言イチロー
「孤高の天才」の素顔と生き様

(しょうげん いちろー「ここうのてんさい」のすがおといきざま)

2025年3月19日　第1刷発行

編　者　別冊宝島編集部
発行人　関川誠
発行所　株式会社 宝島社
〒102-8388　東京都千代田区一番町25番地
電話:営業 03(3234)4621／編集 03(3239)0927
https://tkj.jp
印刷・製本　株式会社広済堂ネクスト

Printed in Japan
First Published 2019 by Takarajimasha, Inc.
ISBN 978-4-299-06662-6